CB068887

SEITAS, IGREJAS e RELIGIÕES

Jean-Yves Leloup

SEITAS, IGREJAS e RELIGIÕES

Elementos para um discernimento espiritual

Tradução
Martha Gouveia da Cruz

VERUS
editora

Título original
Sectes, Églises et religions
Éléments pour un discernement spirituel

Copidesque
Aurea G. T. Vasconcelos

Revisão
Ana Paula Gomes

Capa & Projeto Gráfico
André S. Tavares da Silva

Copyright © Éditions Albin Michel, 1998

Todos os direitos reservados, no Brasil, por Verus Editora. Nenhuma parte desta obra pode ser reproduzida ou transmitida por qualquer forma e/ou quaisquer meios (eletrônico ou mecânico, incluindo fotocópia e gravação) ou arquivada em qualquer sistema ou banco de dados sem permissão escrita da editora.

VERUS EDITORA
Rua Frei Manuel da Ressurreição, 1325
13073-221 - Campinas/SP - Brasil
Fone/fax: (19) 4009-6868
verus@veruseditora.com.br
www.veruseditora.com.br

Dados Internacionais de Catalogação na Publicação (CIP)
(Câmara Brasileira do Livro, SP, Brasil)

Leloup, Jean-Yves
 Seitas, Igrejas e religiões : elementos para um discernimento espiritual / Jean-Yves Leloup ; tradução Martha Gouveia da Cruz. -- Campinas, SP : Verus Editora, 2006.

 Título original: Sectes, Églises et religions : éléments pour un discernement spirituel
 Bibliografia
 ISBN 85-7686-003-1

 1. Religião I. Título.

06-5581   CDD-200

Índices para catálogo sistemático:
1. Religião   200

SUMÁRIO

I - O bom uso ou o abuso 7
   1. Do *Homo religiosus* às religiões 10
   2. As igrejas 15
   3. As seitas 20

II - Os inconscientes em que se anuncia uma palavra 35

III - Sobre o mestre – Elementos de discernimento 69
   1. Seguir alguém, seguir um ensinamento 69
   2. "É preciso que ele cresça e que eu diminua":
      João Batista, arquétipo do mestre espiritual
      e do terapeuta autêntico 72
   3. Autenticidade e inflação: o exemplo de Pedro
      como profeta, delirante e demônio 75
   4. "Tua fé te salvou": não é o mestre que cura 77
   5. O direito ao erro, segundo Tomás de Aquino 78

Apêndice - "Disputa" com os discípulos de Moon 81
Notas 101
Bibliografia 105

I

O BOM USO OU O ABUSO

Sou um indivíduo que fala a outros indivíduos, um indivíduo que, felizmente, sabe um pouco do que fala.

Em matéria de seitas

Foi-me dada a oportunidade de visitar certo número de seus membros – que, aliás, não se apresentavam jamais como pertencentes a uma seita – e de conviver com eles:

- a seita Moon, ou Igreja da Unificação Mundial;
- a seita Krishna, ou a Religião de Krishna;
- a seita da Cientologia,* ou Igreja da Cientologia;
- Osho Rajneesh;
- os meninos de Deus;
- etc.

Em matéria de igrejas

Foi-me dada a oportunidade de ingressar na Igreja ortodoxa, de início como batizado, depois como padre. Conheci igualmente bem

---

* Criada por L. R. Hubbard (1911-1986). (N. da T.)

a Igreja católica romana, uma vez que, após minha formação filosófica e teológica, nela permaneci como padre dominicano durante mais de quinze anos, e foi nesse contexto que me foi confiado certo número de missões junto a seitas ditas "perigosas" (cf. "Apêndice: 'Disputa' com os discípulos de Moon").

Em matéria de religiões

Apesar de enraizado no cristianismo, sempre me interessei por tudo que pudesse aliviar ou libertar o homem de seu sofrimento e dar um sentido à sua vida. Nesse aspecto, as religiões orientais me pareceram úteis e fecundas; os *ashrams* hindus, os mosteiros zen ou os templos tibetanos onde permaneci foram para mim, com freqüência, fonte de edificação, mesmo que unicamente pelas práticas meditativas que ofereciam e pelo encontro com seus mestres. Penso em Maezumi Roshi,* em Kalou Rimpotché** ou no Dalai-Lama.

Nestes últimos anos, numerosas viagens para Israel-Palestina permitiram-me aprofundar meus conhecimentos do judaísmo e do Islã e dos conflitos que daí decorrem. O encontro com membros do Hamas, ou com extremistas israelenses, fez-me compreender a importância da hermenêutica, ou seja, da interpretação dos textos sagrados e de sua pluralidade de sentidos, pois é em tais textos que se baseiam para matar; matar com a consciência limpa "em nome de Deus"; matar com aquele sorriso estranho que só encontramos nos criminosos profundamente religiosos.

O aprendizado da leitura dos textos religiosos e da pluralidade de suas hermenêuticas deveria, atualmente, fazer parte da bagagem

---

* Uma das grandes figuras do zen-budismo (1931-1995). Fundador do Zen Center of Los Angeles. (N. da T.)

** Lama tibetano nascido no Tibete Oriental (1904-1989). Viajou pelo mundo divulgando o budismo tibetano. (N. da T.)

de todo diplomata... se ele quiser agir em nome da paz. Não se trata mais, de fato, de guerra fria entre certos povos, mas de uma guerra muito mais sutil na qual os serviços secretos nem sempre têm o sentido do sagrado e de suas ambigüidades; daí seus fracassos, quando se trata de prevenir certos atentados.

A diversidade dessas experiências e desses encontros me autoriza e me convida a abordar o tema "Seitas, igrejas e religiões". Não com liberalismo (não sei exatamente o que esse termo significa), mas com circunspecção, respeito e espírito crítico. *A priori*, não sou contra as seitas, as igrejas, as religiões; esse *a priori* é o de certos racionalistas sectários. Tampouco me deixo enganar com relação aos impasses e perigos aos quais podem nos conduzir algumas seitas, igrejas ou religiões, se o homem chegar a perder seu coração, sua razão e sua liberdade.

Não temo nem as seitas, nem as igrejas, nem as religiões; ao contrário, para muitos elas podem ser locais de apaziguamento e ocasiões de comungar com outras pessoas em uma mesma busca de saúde, verdade, beleza e também – não devemos nos esquecer – de liberdade. (Essa liberdade a que, em termos religiosos, chamaremos de salvação, libertação ou despertar.)

Todas as seitas compreendem os homens e as mulheres que se encontram nessa busca, e o mínimo de democracia deve, antes de julgar, levar em consideração – e salvaguardar – seus direitos, bem como sua liberdade de pensamento e de expressão, senão nos encontraremos em um regime totalitário em que a única seita que tem direito de expressão é o partido dominante. Não ignoramos mais os crimes dos quais um tal regime é capaz, quando quer impor, pela força legal, o esboço mal-acabado de suas opiniões.

Por outro lado, o que temo é o espírito sectário, o espírito fanático, o espírito de exclusão ou de culpabilização daqueles que, corroídos por uma angústia bastante compreensível diante das incertezas e das ambigüidades da condição humana, afirmam possuir a verdade e querem impô-la aos outros. Isso em detrimento da inteligência mais elementar perante o real e do respeito necessário quando esse real tem um semblante, mesmo que este nos desagrade, porque está voltado para uma direção que não é a nossa.

Antes de nos interrogarmos sobre o bom uso das igrejas, das seitas e das religiões, perguntar-nos-emos, em um primeiro momento: O que é uma religião? Qual é seu fundamento antropológico e social? Em seguida: O que é uma igreja? E enfim: O que é uma seita? Todavia, porque as definições desses grupos de homens e de mulheres – e suas doutrinas – entrecruzam-se, anulam-se, completam-se ou se opõem, a questão não deixaria de tornar-se complexa. Portanto, não entraremos nos detalhes das seitas ou partidos de tipo político, terapêutico ou mediático; limitar-nos-emos às seitas na medida em que fazem referência ao religioso.

1. DO *HOMO RELIGIOSUS* ÀS RELIGIÕES

Antes de falarmos de religiões, seria necessário nos interrogarmos sobre a dimensão religiosa do ser humano. Eis uma questão antropológica: O homem é naturalmente religioso? *Homo religiosus?*

Alguns verão, na origem do sentimento religioso no homem, o medo diante das forças da natureza e uma maneira de se reconciliar com elas por meio de rituais e sacrifícios. Outros dirão que é a experiência do sofrimento e do mal no mundo, o esforço para dar a ela um sentido ou dela se livrar, que está na origem das religiões. Outros, ainda, observarão aquilo que permanece insatisfeito no desejo do homem, como se houvesse nele um desejo de infinito que somente o infinito pudesse satisfazer, com a tentação de fazer desse infinito um objeto, uma objetivação do bem ou do verdadeiro, algumas vezes em detrimento do sujeito capaz desse desejo e desse pensamento.

Esse desejo que tem o "efeito de conhecer sua causa"[1] é racional e legítimo; resta saber se essa "causa primeira" nos ama, fala conosco, está interessada naquilo que ela cria ou produz. Evidentemente, isso ultrapassa os dados da simples razão e decorrerá daquilo a que chamamos de fé ou de revelação; permanecemos livres para imaginar diversos nomes, hábitos ou falsas aparências desse "absolutamente nada do qual Ele é a causa".

Outros, enfim, colocam na origem das religiões a experiência de uma Realidade que transcende as realidades costumeiras espacio-temporais e abre (ancora) a consciência a uma outra Consciência. Rudolph Otto e C. G. Jung falam então de uma experiência do "numinoso" que ao mesmo tempo nos atrai e nos causa medo. Graf Dürckheim desenvolverá esse tema, evocando os diferentes locais onde essa experiência pode se produzir: na natureza, na arte, no encontro, no litúrgico, mas também no coração das crises existenciais graves ou dolorosas: doenças, acidentes, loucura, aproximações por vezes "numinosas" com a morte, experiências de quase-morte etc.[2] Todas essas experiências receberão um valor maior ou menor, e um valor religioso, conforme o sujeito que as interpreta e nelas discerne uma intervenção vinda do além.

A primeira etapa de uma reflexão será questionar-se sobre como interpretar tais experiências com discernimento. Uma vez estabelecido o caráter transcendente da experiência, virá a seguir uma segunda questão: Como religar-se a essa transcendência vislumbrada ou impressa em nós de maneira fulgurante e decisiva?

Assim, encontramo-nos em face do que duas etimologias possíveis da palavra *religião* evocam:

- a primeira, do verbo *religare*, de *ligare* ("ligar, religar"). Essa interpretação iria de Lactâncio* e Tertuliano** a Kobbert, Ermond-

---

* Lucius Caecilius Firmianus, também chamado Lactâncio (225-325), nasceu na África. Primeiro escritor do Ocidente a tentar compor uma exposição sistemática da doutrina cristã. (N. da T.)

** Teólogo cristão romano e patrístico do período pré-niceno, nascido em Cartago, na África (155-220). (N. da T.)

Meillet, Pauly, Wissova etc. Então, a religião é o que nos religa – por meio de especulações, rituais e devoções – a um fundamento ou a uma origem tida como o Real Absoluto e último;
- a segunda etimologia possível seria o verbo *relegere*, de *legere* ("colher, reunir"), interpretação ciceroniana que prosseguiu até Otto, Hoffmann e Benveniste.[3] Nesse sentido, ser religioso seria reler os acontecimentos, interpretá-los, dar-lhes sentido, colher os inteligíveis no coração dos existentes e recolher-se sobre "aquilo que é".

Essa maneira de se religar a esse acontecimento, a essa experiência da transcendência, de relê-la e procurar reatualizá-la, vai ocasionar certo número de atitudes e rituais que, aos poucos, vão constituir o que chamamos de uma "religião estabelecida". Poderíamos tomar os cinco pilares do Islã como referências fundamentais que encontramos na maioria das grandes religiões:

(1) A *profissão de fé*, ou *chahada*, chamada em outros lugares de credo, darma, ou seja, a afirmação daquilo que temos como verdadeiro e que, em uma fórmula curta, podemos repetir nos momentos vitais de nossa existência. É um resumo da fé; mais que um lembrete, é uma presentificação daquilo que orienta nossa vida e nosso desejo.

(2) A *oração ritual*, com seus ritos de preparação: abluções, orientações, participação do corpo com suas prosternações, elevação de mãos, gestos (mudras) simbólicos, e a recitação lida, cantada ou salmodiada de versos de uma escritura tida como santa ou revelada. Em algumas religiões, a prece propriamente dita se enriquece de perfumes (incensos), de músicas (unicamente vocais ou instrumentais). Ela se torna, então, "liturgia", participação do ser inteiro, corpo-alma-espírito, na adoração, no louvor ou na intercessão.

(3) O *jejum*: podemos jejuar por razões higiênicas ou estéticas, mas também para comemorar uma revelação (ramadã) ou um aconte-

cimento (quaresma), ou como preparação do corpo para receber estados alterados de consciência (visões, profecias etc.).

(4) A *esmola*: legitimada nas civilizações tradicionais, a esmola foi atualmente substituída pelo imposto. Trata-se da participação de cada membro de uma sociedade ou de uma religião nos cuidados dos mais carentes. De um ponto de vista espiritual, ela não é praticada inicialmente para o bem-estar daquele a quem se destina, mas para o bem-estar daquele que a pratica: abertura da inteligência e do coração à generosidade ou magnanimidade, como qualidades divinizadoras, iluminadoras do ser humano patologicamente centrado em si mesmo. Algumas religiões proíbem a usura: para aquele que está necessitado, não devemos emprestar com interesse, mas dar o que é necessário.

(5) A *peregrinação*: quer seja a Jerusalém, a Roma, a Meca, quer às margens do Ganges, cada peregrinação exprime para o peregrino um "retorno às fontes" de sua tradição. Para ele, trata-se de preservar os locais e monumentos de sua identidade. As dificuldades podem surgir quando um mesmo local é venerado por diversas tradições, tornando-se objeto de interpretações diversas ou divergentes (por exemplo, Jerusalém).

Infelizmente, em algumas religiões, a esses cinco pilares seria necessário acrescentar um sexto:

(6) A *guerra santa*, *jihad* ou *cruzada* – pouco importa o nome – é considerada um "esforço sincero para destruir os infiéis e transmitir a verdadeira fé"! Infiéis com relação a quem, a quê? Ao que consideramos o único correto, verdadeiro e bom em um local, um meio, em uma dada tradição... A falsa fé é aquela que ora, ama, venera e serve de uma outra maneira essa Realidade que, entretanto, nos apressamos em qualificar como única.

O homem combate visando o lucro, o homem combate para a glória, o homem combate para que apareça a superioridade de sua valentia... Quem é aquele que combate na causa de Deus?
Aquele que combate para que seja exaltada a palavra de Deus, esse é quem está na causa de Deus.[4]

Quem poderia criticar um ser humano por amar assim seu Deus? Os crimes perpetuados em nome de um Absoluto, proclamado como tal por seres relativos, são inumeráveis. Em vez de serem julgados pelos tribunais, eles são, com freqüência, exaltados e canonizados: "Não digais que estão mortos aqueles que sucumbiram pela causa de Deus. Não, eles estão vivos, mas vós não compreendeis" (Alcorão 2,154).

Ninguém pode negar que a mesma luz que ilumina o berço faz florescer o túmulo. Podemos preferir oferecer essas flores aos vivos em vez de aos mortos, mas o que podemos oferecer aos criminosos que se apóiam sobre suas escrituras sagradas para matar com a consciência limpa, atribuindo ao próprio Deus a responsabilidade por seus crimes? "Vós não os aniquilastes! Foi Deus quem os aniquilou; e apesar de seres tu quem lançou [areia], o efeito foi causado por Deus" (Alcorão 8,17). É preciso também que nos lembremos de que, em diversas tradições, a verdadeira "guerra santa" é a que devemos travar muito mais contra nossas más tendências do que contra nossos vizinhos. Devemos nos lembrar de que o texto está entregue à nossa interpretação!

Seria igualmente necessário nos interrogarmos sobre aqueles e aquelas que estão na origem de determinada religião e notarmos que jamais Deus fala diretamente, mas por meio de um ser humano – médium, sábio, messias ou profeta –, e que esse ser humano tem um inconsciente pessoal, familiar, coletivo, uma vez que ele fala e que a fala supõe uma determinada linguagem, portanto uma estrutura na qual a informação vai se engajar e se limitar, seja qual for sua fonte. Tratar-se-á de distinguir entre a informação recebida e o receptor, com seus desejos, sua ideologia e, por vezes, suas patologias (cf. cap. II).

Esse conjunto de escrituras (reveladas ou inspiradas), de ritos, de leis, de exercícios que constituem uma religião será gerado por homens, geralmente hierarquizados, que cumprem certo número de funções de autoridade e obediência. Chegamos, assim, à constituição de uma sociedade ou de uma instituição que será chamada de igreja, *sangha*, sinagoga ou comunidade, mais ou menos estruturada, de crentes.

2. AS IGREJAS

A palavra *igreja* vem do grego *ekklesia*, do verbo *ek-keleia*, que quer dizer "convocar". Trata-se de uma assembléia de cidadãos convocados pelo arauto para a gestão das questões públicas (cf. At 19,32).

Na Septuaginta,[5] *ekklesia* traduz a palavra hebraica *qâhâl* e designa a reunião do povo de Israel, convocado por Moisés no momento da Aliança:

"Agora, se ouvirdes a minha voz e guardardes a minha aliança, sereis para mim uma propriedade peculiar entre todos os povos, porque toda a terra é minha. Vós sereis para mim um reino de sacerdotes, uma nação santa. Estas são as palavras que dirás aos israelitas." Veio, pois, Moisés, chamou os anciãos do povo e expôs diante deles todas essas palavras que Iahweh lhe havia ordenado (Ex 19,5-7).

Trata-se aí de uma convocação; tratar-se-á em seguida de uma lembrança (cf. Lc 23,3) dessa reunião e dos ensinamentos que foram aí transmitidos.

A igreja é, de fato, uma reunião estruturada para uma comemoração, um estudo, uma celebração, uma proclamação pública. Alguns se interrogaram sobre os desejos dos sábios, dos profetas e de Jesus em especial, com relação à fundação de uma igreja, e viram nessa questão, por parte dos padres, uma espécie de recuperação alienante de uma mensagem sapiencial e profética que não se deixaria enquadrar por qualquer instituição. Daí a pergunta: Jesus fundou uma igreja?

Ele próprio vivia de maneira religiosa, ou seja, ligado ao "ser que é aquilo que é": YHWH,* que ele chama de seu pai, ou *Abba*, o que implica uma intimidade não somente intelectual, mas cordial com a fonte e origem de seu ser. Aliás, ele praticava a religião de seus pais – orações, rituais, peregrinações etc. – e, no início, divulgou seus ensinamentos nas "assembléias" ou sinagogas de seu povo, antes de difundi-los "ao ar livre", à beira do lago de Tiberíades, ou sobre as colinas da Galiléia.

Exteriormente, seu comportamento não é o de um ultra-ortodoxo. Ele parece mais ligado ao espírito do que à letra de sua religião, o que o conduzirá a curar doentes certos dias de Shabat** e a tomar outras liberdades que não agradavam aos mestres e doutores da época. Ele lhes lembrava que "a lei foi feita para o homem, e não o homem para a lei". Com relação ao nosso assunto, poderíamos parafraseá-lo da seguinte maneira: "As religiões, as igrejas foram feitas para o homem, e não o contrário..."

Durante sua vida mortal, Jesus se comportou como um *enseigneur**** (senhor que ensina); ele congrega e educa certo número de discípulos, aos quais transmite informações, permitindo-lhes entrar no que ele chamará o Reino (cf. Mt 13,10-17), ou seja, o reino do espírito, e não mais o reino do inconsciente com seu cortejo de atra-

---

* Transliteração do tetragrama que designa o nome de Deus para os judeus. Os judeus não o pronunciam, pois lhes é proibido dizer o nome de Deus. (N. da T.)

** Dia do descanso, dia sagrado para os judeus, que se inicia na sexta-feira ao pôr do sol e termina no sábado quando o sol se põe. Tem origem no Gênesis, que diz que Deus descansou no sétimo dia. (N. da T.)

*** O autor juntou as palavras *enseigner* (ensinar) e *seigneur* (senhor), o que daria algo semelhante a "ensinasenhor" ou "senhor que ensina" em português. (N. da T.)

ções e rejeições ligadas às memórias que nos compõem; o reino da liberdade que passa por um descondicionamento – e não um esquecimento – do passado...

Ele lhes ensina a preferir o serviço aos privilégios (cf. Mc 9,35), a dar prioridade aos excluídos, às "ovelhas perdidas" (cf. Mt 10,6), a não temer as perseguições e os julgamentos de outros, a ser livre de todas as formas de projeção (cf. Mt 10,17), a reunirem-se em seu nome para rezar (cf. Mt 18,19), a perdoarem-se mutuamente (cf. Mt 18,21-35), a não excluir ou excomungar aqueles que são tidos como pecadores públicos (cf. Mt 18,11-18). Sua proximidade das mulheres algumas vezes surpreendia, e até mesmo escandalizava,[6] e foi a uma delas que revelou o que é para ele a verdadeira religião, que não depende de um local de culto específico, ou de uma terra considerada santa por um grupo específico de homens. São os homens santos que tornarão a terra santa e não o inverso:

> Creia-me, mulher, virá a hora em que não será nem sobre esta montanha nem em Jerusalém que adorareis o Pai. Nós adoramos o que conhecemos, porque a salvação vem dos judeus. Mas virá a hora, e é agora, na qual os verdadeiros adoradores adorarão o Pai no sopro e na vigilância (*en pneumati kai aletheia*), pois tais são os verdadeiros adoradores que buscam o Pai.[7]

Jesus não renega seu judaísmo. Para ele, a salvação passa por essa forma herdada e recebida com gratidão de seu ambiente, mas ele não impõe a ninguém essa forma específica. O essencial para ele está na proximidade do sopro e da consciência, por meio dos quais o pai nos engendra a vida.

De acordo com algumas passagens citadas, poderíamos dizer que, no espírito de Jesus, a igreja deveria ser:

- local de transmissão de uma informação, visando nos fazer passar do velho homem (velhas programações inscritas em nosso

paleoencéfalo) a um homem novo, capaz de organizar e gerir uma nova sociedade;
- local de serviço;
- local de compreensão;
- local de perdão mútuo.

Alguns dirão que se trata de uma utopia que ignora o que há de mais perverso e de pior no homem. A esse propósito Yeshua não se iludia, mas também não se deixava levar pela desesperança. Qualquer que seja a situação do homem – pecado, doença, loucura, revolta ou indiferença –, ele o convida a revelar-se e a recolocar-se a caminho, estimulado pela afeição sem fingimento e sem prejulgamentos por parte de seus irmãos.

Após a morte e a ressurreição daquele que os discípulos reconhecem, a partir de então, como "aquele que anunciavam os profetas", a igreja vai tomar uma outra forma; aquele que a inspira não está mais no exterior "daqueles que caminham com ele", mas no interior, animando-os a partir de dentro, por meio dos impulsos de seus desejos, vontades e atos amorosos, inteligentes. Os Atos dos Apóstolos nos falam da primeira comunidade cristã da seguinte maneira: "Eles mostravam-se assíduos ao ensinamento dos apóstolos, à comunhão fraterna, à fração do pão e às orações" (At 2,42).

Mas, mais que o Cristo, o Espírito Santo é considerado pela tradição cristã o fundador das igrejas (cf. At 2). É essa chama, que desceu sobre cada apóstolo em especial, que vai torná-lo capaz de se afastar de seus medos, de falar e de fundar uma comunidade em torno dos ensinamentos que recebeu e que, por sua vez, transmite. O fogo é um, mas as chamas são múltiplas.

Normalmente, o cristianismo deveria testemunhar essa unidade na diversidade, sem afundar nos impasses que foram, e ainda são, os seus: uniformidade (catolicismo romano) e exclusivismo (ortodoxia). Em sua origem, a igreja é uma comunhão de igrejas fundadas sobre os apóstolos: Tiago para a igreja de Jerusalém, João para a igreja de Éfeso, Tomé para a igreja de Madras, Marcos para a igreja de Alexandria, Pedro e Paulo para as igrejas de Antioquia e depois de Roma. Cada uma dessas comunidades tinha por função lembrar os ensinamentos, fatos e gestos de seu rabino, mestre e *enseigneur* Yeshua de Nazaré, com quem tinham comido, bebido, caminhado, sofrido; a quem viram ser crucificado sob o reino de Pôncio Pilatos; e a quem, a partir de então, sentem ressuscitado, vivente no meio deles, animando-os por meio de seu espírito e convidando-os a encarnar no mundo as qualidades divinas que ele mesmo encarnou.

O drama das igrejas, dizia Gurdjieff, "é que elas não sabem mais que são escolas", locais onde se transmite a informação – informação criadora e divinizadora, não somente por meio de textos, mas de gestos que significam iniciações (cf. o batismo e os diferentes rituais de iniciação cristã). As igrejas poderiam ser locais nos quais o homem se divinizaria, onde o homem se confraternizaria, mas muitas delas vão comportar-se como seitas, ou seja, vão romper a comunhão de uns com outros e tornar-se, assim, locais onde as pessoas se "diabolizam" e onde inimizades são criadas (cf. as guerras entre católicos e protestantes no Ocidente e o comportamento dos cavaleiros da Santa Sé durante o saque a Constantinopla, que fez com que os cristãos ortodoxos dissessem que preferiam o jugo muçulmano ao de seus "irmãos em Cristo").

As disputas de campanário nem sempre têm o bom humor de dom Camilo.* Os historiadores conhecem melhor, hoje, o sangue que derramava de algumas pias de água benta. Independentemente disso, as igrejas vão se desenvolver, comprometer-se mais ou menos com os poderes políticos estabelecidos, e cada uma dará nascimento a um número maior ou menor de seitas.

---

* Personagem religioso de grande apelo popular, criado pelo italiano Giovanni Guareschi (1908-1968). (N. da T.)

3. AS SEITAS

É conveniente lembrar que a palavra *seita* não foi inicialmente empregada em sentido pejorativo. Assim como para a palavra *religião*, diferentes etimologias são possíveis.

O latim *secte-sete-secta* indica uma maneira de viver, uma linha de conduta política, uma escola filosófica e depois religiosa. Foi no século XII que de *sequi* ("seguir") se originou a palavra *seita*: agrupamento de homens e mulheres que seguem um ensinamento, uma pessoa. A partir de 1525 a essa etimologia preferiu-se o latim *sectiosectum*, do verbo *secare*: "cortar".

Daí em diante, a seita será considerada um grupo constituído que se separa de uma igreja para manter opiniões teológicas particulares, uma escola ou um grupo de pessoas que professam a mesma doutrina, geralmente contra as doutrinas mais fortemente instituídas. Assim, pertencer a uma seita é distinguir-se, diferenciar-se por opiniões específicas e modos de vida que essas opiniões inspiram e que nem sempre se coadunam com o consenso circundante, político ou religioso.

Mas é somente por volta do século XIX que o termo *sectário*, partidário de uma doutrina, vai tomar aspecto mais pejorativo, até o ponto de significar intolerância ou estreiteza de espírito. Quer seja em política, quer em religião, quer em filosofia, de agora em diante falaremos de sectarismo. O final do século XX realçará de maneira especial os impasses e perigos daí decorrentes.

Quando é que há um fenômeno sectário?

Há sectarismo quando estamos na presença da consciência de pertencer a um grupo que detém o monopólio da verdade e da salvação. Alguns verão aí um fator de segurança. A segurança não é certamente a felicidade, mas é de primeira necessidade para os temperamentos angustiados. Estamos, então, prontos a sacrificar a própria liberdade para obter, se não a Realidade, ao menos uma promessa de certeza e segurança.

Há sectarismo quando um grupo se considera auto-suficiente. Só há contato com os outros para convertê-los ou assimilá-los. Alguns verão aí um fator de coesão afetiva de tipo esquizofrênico.

Há sectarismo quando a primazia é dada aos princípios ou à doutrina e à sua interpretação literal acerca das pessoas. "Entre a tua arma e o semblante de Isaac Rabin coloque os versículos da Torá [escritura sagrada] e você acertará o alvo", dizia um rabino a Yigal Amir.

Fazemos uso da escritura, não mais a servimos; ela é utilizada como um véu que faz esquecer o semblante do homem, ainda que tenha sido escrita para revelá-lo. O que prima é a letra identificada com a vontade de Deus, e a letra mata. Alguns reconhecerão aí uma rigidez doutrinal e disciplinar de tipo paranóico.

Um dos elementos importantes que permitem reconhecer uma seita é a diferença entre o fim anunciado e os meios empregados. O fim anunciado é sempre o mesmo, sempre nobre. Seja em uma igreja, em uma seita, em um partido, em uma religião, o fim é a paz, o amor, o conhecimento, uma nova era de felicidade...

Mas, entre os meios utilizados, perceberemos pressões sobre as pessoas e condicionamentos afetivos que lhes provocam uma transformação. Jean-François Mayer[8] ressalta a ambivalência dessas "transformações da personalidade", citando a carta de uma mãe afetada pela adesão de seu filho a um grupo contestado. Ela tenta, com muita honestidade, fazer um balanço:

> A mudança de vida em X traz tanto razões de felicidade quanto de sofrimento. Ele já não fuma (às vezes usava até haxixe), não tem mais lazer. Fora de seu horário de trabalho, ele vai às reuniões, aprende inglês dentro do movimento, cuida melhor de suas vestimentas e de sua aparência. Quando vem para casa, participa muito pouco das conversas e, depois de alguns momentos, vai ler em seu canto. Não ouve mais discos, disseram-lhe que isso era frivolidade. Faço esta lista de modo

desordenado, misturando positivo e negativo, mas, na minha opinião, uma coisa válida, levada ao extremo, pode se tornar aberrante. Não obstante, é necessário dizer que X parece feliz... Durante semanas esperei que ele retornasse decepcionado, dizendo que havia se enganado. Atualmente, aceito e compreendo que as coisas não são tão simples assim.

Essa carta resume a complexidade do problema. A mãe, religiosa, compreende que essa transformação de personalidade é o resultado de uma experiência de conversão. Em tais circunstâncias, essa não será necessariamente a hipótese mantida pelas pessoas mais próximas. Provavelmente, elas vão elaborar uma explicação que podemos esquematizar da seguinte maneira:

- meu filho (minha filha, um membro da família) escolheu uma religião "esquisita";
- somente pessoas naturalmente "esquisitas" poderiam ser atraídas por esse tipo de religião;
- com certeza meu filho (minha filha, um membro da família) não é uma pessoa naturalmente "esquisita";
- portanto, ele (ou ela) deve ter-se enganado, ou ter sido vítima de uma lavagem cerebral.[9]

Um dos meios aplicados no condicionamento sectário – o mais freqüentemente citado – é o corte ou a ruptura com a sociedade e a família de origem. Mas aí também não é tão simples; essa ruptura é um tema que encontramos nas grandes tradições. Não é inútil citar a longa passagem (extraída de um discurso de Won Pil Kim aos seguidores de Moon) que esclarece o pano de fundo de um comportamento à primeira vista chocante e difícil de compreender:

> Suponhamos que tenhamos tomado a decisão de viver para Deus, mas que nossos pais ou amigos queridos não possam compreender o que

fazemos. Chorando, eles vêm nos persuadir; então, nosso espírito (mente) se enfraquece, e decidimos voltar para eles, deixando a vontade de Deus e todo o resto para trás. Quando um membro desse tipo lhe pergunta se deve ou não visitar seus pais por algum tempo, você também pode fraquejar e não saber como orientá-lo. Às vezes não sabemos o que é um sentimento humano e o que é um sentimento divino. Se a queda não tivesse acontecido, um sentimento humano seria o mesmo que um sentimento divino. Entretanto, devido à queda, eles são diferentes. Antes de tudo, deveríamos restaurar nossa relação com Deus e, em seguida, com os homens. Por essa razão, há dois mil anos, Jesus nos disse para abandonar nossos pais, esposo ou esposa e filhos queridos para segui-lo... Ele nos disse para amá-lo acima de todas as outras pessoas. A relação de coração com Jesus é um sentimento celeste, e a relação de coração com os pais, com os irmãos e com as irmãs de carne é um sentimento humano. "Amar-me acima de qualquer outra pessoa" significa que devemos colocar o sentimento divino antes do sentimento humano.

[...] Devemos antes separar um sentimento humano manchado pela queda e torná-lo perfeito, ligando-o a um coração divino. [...] No início de nossa Igreja [na Coréia], nos separávamos completamente de nossos pais, da sociedade, de tudo; pensávamos que os pais, os irmãos e as irmãs de carne eram como Satanás. Após 1960, o Pai [reverendo Moon] nos instruiu a reformar as relações com nossa família. Para mim, foi um grande trabalho, pois eu tinha cortado completamente todas as minhas relações com minha família. Agora vejo que o objetivo original da ruptura de relações é restaurá-las. Deveríamos nos separar de tudo para unificar as coisas de novo... Para nos tornarmos homens de Deus, devemos passar por um período de separação severa.[10]

Jean-François Mayer acrescenta:

Esse raciocínio pode parecer estranho aos olhos de alguém que não possui suficiente conhecimento sobre a teologia unificacionista, mas tem sua coerência. Ele mostra principalmente que a separação é um meio, e não um fim; que o sacrifício (provisório) das relações familiares é concebido como um caminho duro (mas necessário) para realizar um desígnio mais elevado.[11]

É preciso lembrar que, em certas ordens religiosas cristãs ou não-cristãs (budistas, por exemplo), a renúncia à família é algo simples e evidente, desde que seja livremente consentida pela pessoa interessada. Mas não se faz sempre com o acordo dessa família que, de novo, vai evocar o condicionamento e a lavagem cerebral.

Seria conveniente estudar mais profundamente os meios pelos quais uma pessoa se torna dependente de uma doutrina, de um ambiente ou de outra pessoa. Pode existir dependência material, financeira, como a dependência daqueles que fizeram voto de pobreza, ou dos que foram habilmente convidados a entregar sua herança "em mãos seguras e abençoadas" ou a libertar-se das vaidades, "das falsas riquezas deste mundo vil".

Nas seitas, entregamos livremente nossa fortuna ou nossa herança, mas a questão permanece: No caso de mudança de idéia ou de descoberta de manipulações fraudulentas, poderíamos recuperar o que já demos? Vão lhe responder que o que foi dado está dado! Sobretudo o que foi dado a Deus! Mesmo que sejam supostos "vigários" que tirem proveito disso!

Em todo caso, seja em um convento católico romano, seja em um mosteiro ortodoxo ou em uma seita, com raras exceções, os bens doados permanecem irrecuperáveis. Mesmo que esses bens sejam dinheiro, terras, imóveis ou tempo de trabalho árduo e voluntário.

Essa dependência financeira não perdeu, ainda hoje, o seu encanto: ela nos dispensa de gerenciar nossos próprios bens, é isenta de impostos e nos ajuda a voltar a ser crianças, despreocupados com as contingências deste mundo "mau". Aqui, a seita toma o lugar dos pais, cuja benevolência declarada, algumas vezes, esconde cálculos sinistros. Mas essa dependência é de outra ordem, é afetiva e intelectual.

Dostoiévski, em sua "Lenda do grande inquisidor", lembra-nos do amor e do reconhecimento que podemos ter por aqueles que nos "livram do fardo de nossa liberdade". Como todos os grandes inquisidores, os pequenos gurus só querem o nosso bem e por isso não nos pedem grande coisa: o sacrifício de nosso ego, o qual não temos muita certeza de existir e que não cessa de ser tachado de ilusório pelas bocas mais sábias. Sem dúvida tudo isso é verdadeiro, mas, para renunciar ao ego, ainda é necessário ter um; para poder dar a vida, ainda é preciso ter uma, e bem viva, senão que valor tem a doação?

Nem sempre a família, a educação e a sociedade nos preparam para a autonomia que nos tornará capazes de doação. Na escola, será que aprendemos a pensar por nós mesmos, ou a repetir o que outros disseram? Será que somos formados para desenvolver um espírito crítico que nos tornará capazes de resistência, caso não sejamos capazes de discernimento, diante de afirmações escandidas como *slogans*, ou sussurradas por entre a fumaça de incensos?

O homem nem sempre gosta de ser livre, ele gostaria de ser dispensado de pensar por si próprio; ele preferiria que lhe fosse dito de uma vez por todas o que é bom e o que é ruim. Só lhe restaria obedecer e conhecer a felicidade. A maior força de todos os inquisidores está em nossa abdicação. Nas seitas, assim como em outros locais, é essa aliança mórbida entre o carrasco e a vítima que se trata de denunciar. Não é na mesma trama e na mesma hora que ouvimos comentários horrorizados sobre manipulações sectárias e alusões assombrosas aos prazeres secretos do sadomasoquismo!...

Diferentes explicações do fenômeno das seitas foram propostas: sociológicas, econômicas, psicológicas. Elas já são conhecidas o suficiente para que não precisemos nos delongar nelas. Veremos no fenômeno das seitas uma manifestação da crise da civilização, o desmoronamento das culturas recebidas, das ordens estabelecidas. Veremos ainda, aí, a expressão simbólica de uma recusa ou de uma ruptura com o real. Faremos entrar as seitas, em seguida às igrejas e religiões, na categoria das "neuroses da humanidade" (Freud), evocando, às vezes, uma "neurose original", ou angústia existencial, que impediria o homem de se aceitar nos absurdos de sua condição mortal. Isso só poderia levar a "condutas de evasão", refúgios em grupos que funcionariam como "nichos" ou abrigos diante do real.

Perceberemos também, em algumas seitas, fenômenos de compensação, ligados à falta de maturidade ou de estudos; pretendemos possuir um conhecimento secreto e poderes que tornem suportáveis nossa fragilidade e as humilhações que por vezes sofremos. Há também as buscas patológicas de títulos, de vestimentas e de cerimônias entre os adeptos de qualquer uma das cerca de oitocentas Ordens do Templo: Soberanas, Solares, Renovadas etc.

Não se trata ainda, verdadeiramente, de explicação nem de interpretação. Dizer a alguém que ele está doente ou neurótico ainda não é cuidar dele nem curá-lo, tampouco compreendê-lo; e há riscos de amálgamas: a partir do momento em que duas ou três pessoas se reúnem para refletir, rezar, para estimular-se mutuamente em busca de verdade, seria necessário, imediatamente, falar de grupos neuróticos, de seitas, e então chamar a polícia ou o hospital, como aconteceu em alguns países totalitários?

Com seu consenso, sua antropologia, sua maneira de considerar o ser humano, seus direitos e deveres e sua maneira de impô-los a todos, nossa sociedade não seria, ela própria, uma seita? Trata-se, com freqüência, de uma visão redutora, parcial do ser humano, que não leva em consideração sua profundidade, sua dimensão essencial. O poder castrador de nossa sociedade não é de ordem sexual, mas espiritual.

Nossa sociedade é a seita de Procusto,* o salteador que ajustava aqueles que passavam por seu caminho ao tamanho de seu leito, esticando os pequenos e cortando os pés dos maiores. Uma sociedade que não fosse uma seita acolheria em seu leito os pequenos e os

---

* Na mitologia grega, Procusto era um salteador sanguinário que obrigava suas vítimas a deitar sobre um sinistro leito de ferro, do qual nenhuma saía com vida. (N. da T.)

grandes, cada um tendo direito a ter seu tamanho, assim como direito de amar, de ser inteligente à sua maneira, de acreditar e de orar segundo sua inspiração. A seita de Procusto é aquela que quer que todos obedeçam a uma certa concepção do mundo, a uma certa representação do real, e que impõe "sua" verdade como "a" verdade: a única verdade.

Enquanto isso, o único se compraz em desabrochar, florescer no múltiplo. Somos seitas, igrejas e religiões diferentes para nos estimularmos em direção ao bem e não para destruirmos uns aos outros. Basílio de Cesaréia, padre da Igreja, lembra-nos que é a mesma água, fresca e fecunda, que cai sobre o campo, para que floresçam em vermelho as papoulas, em rosa a rosa, em azul a violeta... O único dá a cada um sua cor para que elevemos em direção a ele um buquê de louvores diferenciados.

Constantemente, devemos nos afastar dos impasses ou dos trilhos que são o sectarismo e o sincretismo. Não se trata nem de misturar tudo nem de a tudo se opor, mas de estar enraizado em sua tradição, aberto às outras tradições. De seu enraizamento e de sua abertura depende a saúde da árvore – nem esclerose nem dispersão; de seu enraizamento e de sua abertura decorre a saúde do homem.

De todas essas informações e reflexões, poderíamos tirar algumas frases simples que nos ajudassem a discernir?

De início, uma questão: Será que a associação, a seita, o partido, a igreja, a religião na qual me encontro neste momento me torna:

- mais inteligente?
- mais amoroso?
- mais vivo?
- mais livre?

Mais inteligente?

A instituição na qual me encontro pensa por mim, me diz o que é bom e o que é ruim? Ou ela estimula, de preferência, meu próprio pensamento? Sou convidado a desenvolver, a seguir o pensamento do orador, a debater e a questionar seu ensinamento, ou será que me torno periquito ou papagaio, a quem só é pedido que repita com fé e convicção a doutrina?

Estão me impondo um catecismo, ou seja, uma leitura específica das escrituras sagradas? Sou convidado a uma leitura multidimensional dos textos sagrados, ou somente a uma interpretação da palavra como "a" palavra?

Tomemos, por exemplo, o livro do Êxodo, capítulo 17, versículo 16, no qual é dito que Amalec é o inimigo de Israel que YHWH manda destruir. Tomado ao pé da letra, esse versículo das Escrituras servirá para justificar o crime. Ele foi utilizado por Baruch Goldstein, quando atirou nos muçulmanos em oração no jazigo dos patriarcas em Hebron; também foi utilizado por Yigal Amir contra seu próprio irmão, Isaac Rabin... Enquanto o "inimigo for o outro", sempre haverá fuzis para executá-lo.

Se propusermos, ao lado da letra, uma leitura mais simbólica desse texto, talvez encontremos uma bomba a ser desarmada. A palavra *Amalec*, na guematria,* tem o mesmo valor numérico que a palavra *safek* – "dúvida" (cifra 240). Portanto, o que é necessário destruir em nós é a dúvida, para podermos reencontrar a confiança original... Eis uma interpretação menos destruidora.

É claro, poderíamos retirar exemplos do Evangelho ou do Alcorão. A verdadeira *jihad*, guerra santa ou cruzada é aquela que travamos com nós mesmos, com nossa sombra. Enquanto essa sombra não for reconhecida em nós mesmos – e as escrituras estão aí para desmascará-la e iluminá-la –, vamos projetá-la no exterior e sobre o outro. Todo o mal que não tivermos reconhecido em nós mesmos, tentaremos abater fora de nós.

---

* Numerologia cabalística, é o valor numérico atribuído a cada letra ou palavra. (N. da T.)

No início deste trabalho evocamos as ligações entre a diplomacia e a hermenêutica. Resta um trabalho imenso a ser feito nesse campo, pois o futuro de alguns países, o destino de algumas cidades (Jerusalém em especial) dependem da interpretação que os responsáveis políticos darão aos textos fundadores de sua civilização ou de suas sociedades.

Mais amoroso?

Há comunidades de homens e de mulheres que, de início, devido a seu calor, gentileza, atenção, seduzem aqueles que apresentam uma sensibilidade especial a esses atributos por estarem carentes deles e que se encontram sozinhos, em uma situação instável (desemprego, ruptura com pessoas próximas...). Em seguida, aos poucos, essa "gentileza" se faz mais exigente. Eles se vêem com "dívidas afetivas" para com aqueles que dizem tê-los acolhido no momento de desespero e ter-lhes "salvo a vida". Sentem-se culpados por sua falta de gratidão e de reconhecimento; aos poucos a dependência se estabelece e, com a dependência, o receio... Receio de causar mal aos membros da comunidade, de serem malvistos por eles; em seguida, receio daqueles que estão fora. Medo da contaminação pelos impuros, os não-eleitos, os heréticos... Medo dos que não são conformes aos critérios do homem justo, santo ou normal, segundo os pressupostos antropológicos ou teológicos do grupo.

Se "o real é o outro", essa maneira de me fechar a ele, de condená-lo ou de temê-lo aos poucos me corta do real. Compreendemos melhor, então, o realismo do pai espiritual que podia responder a pergunta de seu discípulo: "Onde está a verdadeira igreja?" "Ali onde se ama mais seus inimigos."

O amor aos inimigos, ele continua, é o único sinal da presença do Espírito Santo no homem. Fazer milagres, manifestar poderes, operar curas – o que há de mais natural quando conhecemos as profundezas do homem e certo número de técnicas que permitem manipular as naturezas sutis? Mas amar aqueles que não nos amam, que às vezes até mesmo nos perseguem, aí sim, não é mais natural! E se a palavra *sobrenatural* quer dizer algo, é nesse sentido que se trata de procurar. Minha igreja, minha associação, minha religião... Elas me ajudam em primeiro lugar a amar a mim mesmo (senão, como amar o outro como a mim mesmo?) e, em seguida, a amar meus amigos, antes de, enfim, tornar-me capaz de amar meus inimigos?

Pois o objetivo está exatamente aí! Como o apóstolo Paulo no caminho de Damasco, descobrir naquele que perseguimos, às vezes por razões religiosas, nosso irmão e nosso Deus! A verdade sem a caridade, já dizia Pascal, corre o sério risco de ser somente um ídolo, uma ideologia.

Mais vivo?

Não se trata, evidentemente, de se tornar mais musculoso, um melhor soldado para a causa, nem mesmo de estar bem consigo mesmo, de estar em plena forma, e sim de se aproximar das fontes vivas da vida, que até o último momento, ou até mesmo na doença, nos darão certa qualidade de força e de transparência. Poder desarmado daquele que é um com aquilo que ele é, sem nada acrescentar, sem nada retirar.

Em algumas seitas, a saúde é quase que malvista, a beleza só pode vir do diabo, as pulsões mais legítimas são culpabilizadas. Chegamos assim a ter uma linguagem dupla que, somada a predisposições esquizofrênicas, acaba por nos tornar doentes. Eu afirmo a saúde e ao mesmo tempo cultivo os males que me mantêm na necessidade exacerbada de ser salvo. Algumas teologias, que exaltam o sofrimento e o sacrifício mais que o amor, podem, a esse respeito, ser perigosas.

Devemos estar particularmente atentos a esse critério de saúde quando há crianças; cuidar para que elas não sofram carências alimentares nem sejam objeto de sevícias ideologicamente valorizadas.

Mais livre?

A liberdade é o dom mais precioso do homem, e não faltam discursos para relativizá-la ou negá-la, seja por meio dos determinismos materialistas, seja por meio das denúncias de seu caráter ilusório pelos espiritualistas. A liberdade que seria "essa faísca divina no homem" não carece de inimigos, tanto nas seitas religiosas como nas sociedades mais profanas. Evidentemente, nem todos são obrigados a partilhar o pensamento de um Berdiaev:*

> A vida no espírito é a vida livre e criadora..., é no espírito que se revela o mistério da criação, que a natureza do homem toma consciência de si mesma, sem nada escrito, sem ensinamento e sem indicação vinda das alturas.
> Na criação, o homem descobre o divino em si mesmo por meio de seu grau de liberdade.
> A criação não precisa ser admitida ou justificada pela religião; a criação é, em si mesma, a religião. A natureza humana consciente de sua identidade, de seu ser autônomo e livre, deve existir como uma natureza criadora, que está criando. A natureza humana, finalmente, não se justifica diante do Criador aniquilando-se, mas exprimindo-se de maneira criativa...[12]

Em um nível mais trivial, é preciso verificar se na seita "a porta permanece bem aberta nos dois sentidos". Podemos sair tão facilmente quanto entramos, sem termos a impressão de trair a comunidade, de ser condenados ou perseguidos por espíritos ou forças que não nos perdoarão o que é chamado de nossa "apostasia"?

Raramente se sai ileso de uma seita. Por muito tempo nos sentiremos culpados por não termos estado à altura das esperanças que

---

* Nikolai A. Berdiaev (1874-1948), pensador religioso russo, autor de *Essai d'autobiographie spirituelle* [Ensaio de autobiografia espiritual]. (N. da T.)

os outros projetaram sobre nós. Podemos também nos revoltar, permanecer contra, ou seja, ainda dependentes.

A liberdade é exatamente o movimento, a possibilidade de ir e vir; mais uma vez "o enraizamento e a abertura". Alguns têm medo de entrar em uma prática religiosa, ou em uma igreja, pois os pressupostos de sua seita racionalista, ou os receios paranóicos de se deixar enganar, os impedem de entrar, e eles se privam de todo engajamento possível. Outros têm medo de sair, temendo perder-se fora das trilhas demarcadas, fora do porto seguro das verdades aprendidas. Os ventos do mar aberto clamam mais por suas defesas do que por seus desejos, e seu barco permanece no porto, apodrecendo para poupar-se dos sempre possíveis, mas não necessários, naufrágios.

Para concluir, citarei a resposta do Dalai-Lama a uma de minhas questões impudentes: "Para o senhor, qual é a melhor religião?" Eu esperava que ele me falasse do budismo e de seus benefícios; a melhor religião só poderia ser a dele... Ele me respondeu: "A melhor religião é aquela que o torna melhor". Não há nada a acrescentar nisso. A melhor religião, igreja ou seita é aquela que nos torna melhores, ou seja, mais inteligentes, mais amorosos, mais vivos, mais livres. Aquela que nos ajuda, também, a viver de maneira mais simples nossa vida cotidiana. A vida já é complicada o suficiente da maneira como é, e, se a religião ainda estiver aí para acrescentar complicações, de que servirá?

Parece que um dos sinais da presença do espírito é nos tornar mais simples – mais abertos.* A religião, em lugar de nos ajudar a nos abrir, a nos simplificar, por vezes acaba "nos fazendo mais fechados, mais cheios de dobras".

Ao lado das três grandes questões fundamentais – De onde venho? Quem sou? Para onde vou? – há ainda uma quarta, igualmente

---

* Jogo de palavras no original em francês entre *simples* e *sans pli* (sem pregas), que têm quase a mesma pronúncia. (N. da T.)

fundamental: Quem vai lavar a louça hoje? Seja a louça, seja a roupa – pouco importa a imagem –, a questão é saber o que fazemos de todos os grandes princípios recebidos em uma seita, uma igreja, uma religião. O que fazemos com eles em nossa vida cotidiana?

Onde, hoje, podemos nos tornar melhores, isto é, mais inteligentes, mais amorosos, mais vivos, mais livres, mais simples? E acrescentemos... até mesmo na vida cotidiana?

Não façamos publicidade, não forneçamos endereços; talvez somente nos lembremos da fala que nos foi dirigida: "Purifique sua inteligência e seu coração... depois vá... vá para onde seu coração levá-lo..."

II

OS INCONSCIENTES EM QUE SE ANUNCIA UMA PALAVRA

Hoje em dia não faltam aqueles que se digam inspirados, habitados pelo Espírito ou espíritos, ou, ainda, movidos por "energias" ou "forças" que os transcendem. Esses "espíritos" que lhes falam e lhes ensinam pedem-lhes, algumas vezes, que também ensinem, que escrevam, que falem, que curem...

Quem são esses "espíritos"? Espíritos de defuntos? De anjos? De entidades? Seria necessário, ao mesmo tempo, perguntar quem são essas pessoas que falam e transmitem essas palavras. Qual é sua história? Sua memória? Em que estado se encontra o próprio espírito delas?

De vez em quando, entidades dizem seus nomes, e os "veículos" ou "canais" dirão: "Atenção, não sou mais eu quem fala, é fulano de tal. É o anjo, a Virgem Maria, é o Cristo ou então o próprio Deus", conferindo, assim, ao que é dito uma autoridade espiritual, angelical ou divina... Essas palavras transmitidas com fé e convicção encontrarão a surpresa, o deslumbramento e a adesão de certo número de ouvintes, assim como encontrarão, às vezes, o julgamento e a condenação de outros ouvintes, que só verão em tudo isso manifestações perigosas, inúteis ou até mesmo demoníacas.

Essas mensagens vindas do além encontrarão igualmente o ceticismo e serão consideradas "emergentes de um inconsciente" mais ou menos entulhado ou mal explorado; falaremos então de "crises repentinas de delírio", sintomas de mal-estar em uma história particular ou, mais amplamente, de "mal-estar da civilização".

Resta encontrar uma atitude que não seja nem de adesão cega, nem de condenação cega, nem ainda a ironia fácil e humilhante dos psicanalistas ou teólogos burocratas. "O caminho do meio", o dizer "entre-três" (exatamente ali onde se encontra o sujeito que escuta, entre o dizer do consciente e o do inconsciente – esse terceiro permanece o desconhecido do qual os dois primeiros dizeres tentam ser testemunhas); esse entre-três só poderia ser o centro de uma interrogação honesta ou de uma fé que busca compreender, uma fé incrédula que não está pronta a acreditar em quem quer que seja ou no que quer que seja sem examinar, mas que também não faz da dúvida incessante seu absoluto. Há questões que só podemos compreender porque, antes de qualquer coisa, acreditamos nelas; é preciso amar o que tentamos compreender.

A interrogação supõe, em primeiro lugar, o reconhecimento dos fatos sobre os quais nos interrogamos e o reconhecimento de que esses fatos não são tão novos e se manifestam regularmente na história. Tratar-se-á de considerar, em seguida, a interpretação que damos a esses fatos, porque aí está, sem dúvida, o problema; interpretar ou não interpretar, "eis a questão", eis também nossa liberdade.

O exame dos fatos e de suas interpretações não diz ainda se se trata de verdadeiros ou falsos profetas, de verdadeiros ou falsos místicos, de autênticos médiuns ou de autênticos charlatães. Também não é dito se esses "ensinamentos" são mensagens reais e sinais para nosso tempo, esperança de um mundo melhor, de uma nova vida, ou ilusões, fantasias, mensagens e sinais de um tempo triste, de uma época doentia, de um ciclo que alcança o fim.

Para encontrar alguns elementos de discernimento, será útil recorrer às pesquisas da psicologia contemporânea e à sabedoria das grandes tradições espirituais da humanidade.

Os fatos

Desde os tempos mais remotos, homens e mulheres dizem receber sinais ou mensagens de poderes transcendentes. Na Índia são chamados de *rishis*, "videntes". Nas tradições semíticas são chamados de *nabhis*, "inspirados" ou "profetas".

Tanto uns quanto outros dizem que o que sabem não são conhecimentos adquiridos, não se trata de um conhecimento fruto de seus estudos ou de suas investigações; esse saber lhes veio do alto ou das profundezas, eles o receberam de uma consciência mais elevada; ele lhes foi gratuitamente dado, revelado. Falaremos efetivamente, então, de revelação.

O que isso significa? Segundo Tresmontant,* a palavra francesa *révélation* (revelação) é um simples decalque do latim *revelatio*, que está ligado ao verbo *revelo*, *revelare*, que significa "retirar o véu, o *velum*, descobrir". A palavra latina *revelatio* traduz o grego *apokalypsis*, que significa "ação de descobrir" e está ligado ao verbo *apokalyptô*, que significa "descobrir, desvelar". Em grego, o *kalymma* é o que serve para cobrir, o véu, a casca. *Kalyptô* significa "cobrir, envolver, esconder". *Apokalyptô*, o contrário. O verbo grego *apokalyptô*, na versão grega da biblioteca hebraica, traduz o verbo hebreu *galah*, que significa também "descobrir, desvelar".

Eis o que dizia o profeta Amós no século VIII antes de nossa era: "Pois o senhor Iahweh não fará coisa alguma sem antes revelar [*galah*] o seu segredo [*sôdô*] a seus servos, os profetas" (Am 3,7).

Segundo o pensamento bíblico, a história humana é a criação que continua no homem e com o homem. A criação do homem é uma etapa na história da criação. E essa criação do homem não está completa desde o início. A história humana é a de uma gênese orientada em direção a um término.

---

* Claude Tresmontant (1927-1997), filósofo francês, também especialista em religiões. (N. da T.)

Na história da criação da humanidade, existe um momento que constitui uma etapa nova nessa gênese: é a criação de um povo que tem uma função germinal para o conjunto da humanidade por vir. Israel não é um povo escolhido entre outros povos preexistentes. Israel é o começo, o germe de uma "humanidade nova", ou que se considera como tal, e veremos que é um fenômeno que se produz com freqüência: uma revelação dada a um homem ou a um grupo com a esperança de que desse grupo específico nasça um mundo novo.

A criação de uma humanidade nova começa pela criação de um germe que contém uma ciência, que traz em si uma sabedoria, destinada à humanidade inteira. Esse povo, ou essa porção da humanidade, não foi criado para se enclausurar em si mesmo, fechar-se em si mesmo. Ele foi constituído para levar e comunicar para a humanidade inteira a ciência que nela está inserida. Portanto, é essencialmente um povo profético, se permanecer fiel àquilo que o constituiu no início, ao que foi sua razão de ser inicial.

O que é a revelação? É a comunicação feita por Deus ao homem a respeito de um conhecimento, de uma ciência, de uma inteligência, por meio de um homem que, em hebraico, se chama *nabhi*, o que os tradutores judeus alexandrinos da bíblia hebraica traduziram em grego pela palavra *prophètès*, os latinos traduziram como *propheta* e os franceses, por *prophète* (profeta). A palavra grega *prophètès* vem do verbo *prophèmi*, que significa "dizer ou anunciar com antecedência". O *prophètès* na língua grega clássica é o intérprete de um deus, aquele que transmite ou explica a vontade dos deuses. É também o intérprete das palavras de um oráculo ou de um adivinho, o intérprete de uma doutrina. É, enfim, aquele que anuncia o futuro. Na tradição hebraica, *nabhi* é o homem através de quem Deus comunica sua mensagem.

Sobre que versa a revelação? Ela versa sobre o que o homem não poderia descobrir e conhecer por seus próprios meios, usando unicamente sua análise com base na experiência. Versa essencialmente sobre a significação da obra criadora de Deus, sobre sua finalidade última. Somente o autor do poema, o compositor da sinfonia, sabe qual é a conclusão que ele visa em sua obra, e aquele a quem ele comunica seu segredo. A revelação é a comunicação do segredo de Deus, de suas intenções. A mensagem comunicada é aquela que os autores hebreus chamam de a palavra de Deus: é o conteúdo da mensagem, sua substância.

Conhecemos os nomes dos profetas: Moisés, Elias, Isaías, Jeremias, Amós... É necessário que não esqueçamos aqueles que os precederam: Zoroastro, ou os grandes *rishis* da Índia, por exemplo, na origem dos Vedas. Eles também falavam de um plano do real que não atingimos pela razão ou pela simples experiência humana, mas pela revelação.

A tradição hebraica dirá que a revelação é fechada e cingida pelos textos da Torá,* atribuídos a Moisés e aos profetas. Foi lá que Deus falou, não há nada a acrescentar. A partir de então, o profeta cede lugar ao místico: seu papel não será falar em nome de Deus, mas interpretar sua palavra dita e escrita de uma vez por todas e revelar os diferentes níveis de interpretação. A inspiração está, a partir de então, dada não mais ao profeta, mas ao intérprete mais ou menos "místico", segundo seu nível de consciência, ou ao hermeneuta do texto sagrado. Isso levará Marc-Alain Ouaknin a dizer, após vários outros rabinos, que os hebreus não são as "pessoas do livro", mas "o povo da interpretação", um povo de profetas que se deveria tornar povo de místicos ou de hermeneutas.

Vem a seguir a tradição cristã, que considera Jesus de Nazaré não somente um profeta eminente – "Ninguém jamais falou como esse homem", dizia o centurião –, mas o considera o messias, o Cristo, "aquele que anunciavam os profetas"; não somente alguém que fala em nome de Deus, lembrando os profetas e cumprindo a lei, não somente receptáculo de uma palavra sobre Deus, mas a palavra do

---

* Livro sagrado dos judeus. (N. da T.)

próprio Deus, Deus encarnado – verbo feito carne. Seu próprio ser é revelação, manifestação do ser e do amor de Deus.

E são João da Cruz dirá: "Deus só tem uma palavra, ele nos disse tudo em seu Filho, e quem buscar conhecimento e salvação em outro lugar lhe causará grande sofrimento".* Com Jesus Cristo, a revelação será considerada realizada, conduzida à sua plenitude. Não há mais nada além dele a esperar e o espírito que ele nos prometeu para nos "lembrar todas as palavras que ele disse" e nos revelar seu sentido profundo, o sentido ao mesmo tempo concreto e místico.

Depois vem a tradição muçulmana, que pretende recapitular o ensinamento dos profetas precedentes; nesse contexto, Jesus é considerado também um profeta que anunciaria a vinda daquele que viria seis séculos mais tarde: Maomé, "selo da profecia". Na tradição muçulmana, é dito claramente que não há nada a ser esperado após o Alcorão, que é a única e autêntica palavra de Deus; todas as outras escrituras teriam sido deformadas, pervertidas pelos homens.

Maomé é o último dos profetas e, se qualquer outro se apresentar, evidentemente é necessário fazê-lo calar-se como herege e blasfemador ou, então, matá-lo, como, por exemplo, no caso de Bahá'u'lláh** na Pérsia no século XIX, um homem que também pretendia ser um profeta enviado de Deus e apresentava um livro santo recapitulando as outras escrituras: "Aquele cuja vinda foi prometida a todos os povos do mundo apareceu. Todos os povos e comunidades estavam esperando uma revelação e ele, Bahá'u'lláh, o mestre e educador, é vindo" ('Abdu'l-Bahá***).

---

* Comentário de são João da Cruz sobre carta aos hebreus, no livro II da Subida do Monte Carmelo, cap. 22. (N. da T.)

** Nome que em árabe significa "ao mesmo tempo a glória, a luz e o esplendor de Deus". Título com que se designava o persa Mirzá Husayn Ali (1817-1892), fundador da Fé Bahá'í, religião baseada no babismo (N. da T.)

*** Título de 'Abbas Effendi (1844-1921), filho mais velho de Bahá'u'lláh, designado pelo pai como o "Centro do seu Convênio" e a única pessoa autorizada a interpretar suas palavras. (N. da T.)

No século XX, ao lado dessas revelações antigas, bem instituídas e estabelecidas, não faltaram novas revelações: Revelação de Arès,* Revelação de Aquário e outras. Também não faltam profetas que pretendem transmitir a palavra de Deus ou encarná-la. Isso é algo afirmado por eles mesmos: Moon, por exemplo, apresenta-se como o messias anunciado no Apocalipse, "estrela que vem do Oriente".

Mas isso nem sempre ocorre de acordo com sua própria vontade: Krishnamurti** foi reconhecido inicialmente como uma encarnação divina, como o instrutor mundial, o avatar*** para nossa época, pois, como diz Krishna no Bhagavad Gita:**** "Cada vez que a lei [darma] se apaga e sobe a injustiça, então eu renasço para a proteção dos bons e para a destruição daqueles que fazem o mal; para o estabelecimento da lei espiritual, eu me encarno uma era após a outra" (Bhagavad Gita, IV,6-8).

Krishnamurti teve a coragem de proclamar que era simplesmente um homem e que era como homem que queria testemunhar sobre o real e sobre essa verdade que é "um país sem caminho". Para isso, ele não precisava dessa aura de homem-Deus ou de profeta dos novos tempos.

Mas é muito grande a necessidade do homem de fazer deuses que sejam semelhantes a ele e que o confortem; não deixaremos tão cedo de erigir ídolos a partir de homens e mulheres que nos dispensem de pensar por nós mesmos e nos libertem, como dizia Dostoiévski, "do fardo da liberdade". Os bezerros místicos ou ideológicos de nossa

---

* Revelação que teria sido ditada pelo Cristo a Michel Potay, em Arès (cidade francesa), em 1974, e em cinco aparições de Deus em 1977. (N. da T.)

** Sábio hindu, nasceu no sul da Índia em maio de 1895, foi educado na Inglaterra e morreu em fevereiro de 1986, na Califórnia (EUA). (N. da T.)

*** Reencarnação de um deus e, especialmente no hinduísmo, reencarnação do deus Vishnu. (N. da T.)

**** Significa "sublime canção", ou "canção do Senhor", ou ainda "mensagem do Mestre". Um dos textos sagrados dos hindus, faz parte do épico Mahabharata. (N. da T.)

época não deixam nada a desejar se comparados aos bezerros de ouro de outros tempos. Não vale a pena nos demorarmos neles, nem nos sucessores da pitonisa e dos oráculos de Delfos.

Por enquanto, vamos nos restringir aos médiuns, canais, profetas das grandes tradições, porque eles não representam somente minorias, mas milhões de homens e mulheres que, ainda hoje, em nome de Deus e de sua palavra revelada e transmitida por seus profetas, fazem a guerra...

E podemos dizer um basta! Mas dizer um basta não é suficiente! Fazer grandes agrupamentos pela paz é bom, mas será que isso resulta em grandes mudanças? Nossas grandes declarações e nossos beijos de paz não passam de beijinhos nos bastidores da história: a cena permanece sangrenta.

É necessário procurar compreender, compreender as palavras proféticas, ou seja, interpretá-las. Pois como todos os nossos sonhos, com suas imagens e seus símbolos, a palavra de Deus está entregue à nossa interpretação e, dependendo do sentido que dermos a essas palavras, elas podem nos matar ou ser fermento de libertação: "a letra mata, é o espírito que vivifica" (II Cor 3,6), a letra não interpretada, não atualizada pelo espírito.

Tomemos um único exemplo no Alcorão, mas poderíamos fazer a mesma coisa com a Bíblia ou com outro texto considerado sagrado, ou com os textos das revelações contemporâneas:

Casem-se como desejarem
Duas, três ou quatro mulheres (4,3).

Os homens têm autoridade sobre suas mulheres, devido à preferência que Deus lhes concedeu sobre elas e por causa das despesas que fazem para garantir seus cuidados... Batam naquelas sobre as quais suspeitem de infidelidade, releguem-nas a quartos separados e batam nelas.
Se elas lhes forem submissas, não busquem mais discussões com elas. Deus é elevado e grande (4,34).

Será que é realmente Deus quem fala? Ou seria um homem? Uma sociedade em particular? É uma questão que algumas vezes podemos nos fazer, nem que seja pelo menos para não colocar nas costas de Deus os meandros de nossa própria subjetividade, com seus inconscientes e suas vontades de poder. Deus jamais fala diretamente, mas sempre por meio de um homem que, por mais puro que seja, tem um inconsciente e, pelo simples fato de falar, pertence a certa cultura, sociedade, civilização, história, com todos os seus limites.

Trata-se então de separar a mensagem, cuja origem pode ser divina, do mensageiro, cuja origem é certamente humana, já que é como humano que ele fala a outros humanos. Não se trata, de maneira alguma, de negar o fato da inspiração; trata-se de lembrar as condições nas quais aconteceu essa inspiração.

Claude Tresmontant observa, retomando o assunto já tratado por Tomás de Aquino na *Suma teológica*, no capítulo sobre a profecia:

> Imaginamos mais ou menos que a inspiração divina possa substituir a inteligência do profeta, que o profeta é totalmente passivo e inerte sob a inspiração, como uma secretária dos dias atuais a quem o patrão dita uma carta. Mas não. É suficiente estudar mais de perto os grandes profetas hebreus, Amós, Oséias, Isaías, Jeremias, Ezequiel e outros, para perceber que eles são ativos, principalmente na obra profética. Eles operam com inteligência, coragem, santidade, temperamento. O profetismo hebreu é obra conjunta de Deus e do homem. Deus não substitui o homem. Ele o ensina, instrui, ilumina, informa a partir de seu interior. Ele o recria. Prepara-o a partir de dentro.

Eis o que nos diz o livro de Jeremias (século VII antes de nossa era): "A palavra de Iahweh me foi dirigida nos seguintes termos: 'Antes mesmo de te modelar no ventre materno, eu te conheci;

antes que saísses da madre, eu te santifiquei. Eu te constituí profeta [*nabhi*] para as nações'" (Jr 1,4-5). O profeta é pré-adaptado à função que será a sua: comunicar à humanidade a ciência que vem de Deus. Ele é humanamente preparado para essa obra, e isso se vê em seu caráter, quando estudamos sua obra de perto.

No século XIX, e ainda no século XX, estudiosos imaginavam que ou é Deus que ensina na biblioteca a que chamamos de Bíblia ou é o homem. Ora, a ciência que constitui a crítica bíblica mostra que são manifestamente homens que se exprimem, com as idéias de seu tempo, de seu temperamento e mesmo de seus defeitos. Portanto, não é Deus.

Esse foi o sofisma de Renan.* O erro de base é imaginar que é necessário admitir o pressuposto "ou isso ou aquilo". Na realidade, não há alternativa: são Deus com o homem e o homem com Deus que falam. Dizer isso não chocará ninguém em um contexto ocidental; já em um país muçulmano, isso está na ordem da blasfêmia: é reduzir a palavra de Deus (o Alcorão) a uma palavra humana.

Maomé não era um homem? Não podemos negar o fato, mas acrescentaremos que o espírito do profeta era um canal totalmente "virgem". Aliás, Schuon** faz uma ligação entre a virgindade de Maria e a virgindade intelectual de Maomé, pura morada do logos divino. O Alcorão é o livro nascido do virgem Maomé: uma imaculada conceição. Dizer que as faculdades intelectuais de Maomé não entram em jogo na elaboração do Alcorão é dizer que ele estava em estado de coma profundo, com o eletroencefalograma plano. É igualmente ignorar as fases de realização do Alcorão, pois Maomé recebeu de início, na solidão de uma das cavernas do monte Hira, inspi-

---

* Ernest Renan (1823-1892), sábio francês que interpretou a vida de Jesus e a Bíblia de maneira puramente histórica. Escreveu o livro *Vida de Jesus*, publicado em português pela Martin Claret. (N. da T.)
** Frithjof Schuon (1907-1998), autor do livro *Para compreender o Islã*, publicado em português pela Nova Era. (N. da T.)

rações, depois palavras que repetirá para sua primeira esposa, Khadija; esta o encorajará a transmitir as mensagens que recebeu; virão os discípulos, escutarão e, como é costume nas tradições orais, aprenderão essas palavras de cor. Somente muito mais tarde esse texto "descido diretamente do céu", segundo alguns, será organizado e constituído por escrito.

Três grandes etapas marcam essa constituição ou reconstituição da palavra inspirada a Maomé:

- a recitação de memória;
- a fixação por escrito em materiais disponíveis: omoplatas de camelo, pedaços de couro etc.;
- a reunião dos elementos esparsos em um compêndio no tempo do califa Uthman (genro do profeta, Uthman foi o terceiro califa e dirigiu a comunidade muçulmana de 644 a 656, correspondente a 25-35 da hégira).

A caligrafia antiga, mantida até o século X, não comportava nem sinais diacríticos nem vogais breves. Esses textos eram utilizados como um lembrete incompreensível aos estrangeiros, daí as diversas interpretações ou "leituras". Até o século XII houve sete lições autorizadas (sete alcorões?).

A recensão de Uthman havia suscitado críticas dos xiitas, que o reprovavam por ter voluntariamente suprimido textos relativos a Ali.* Foi a gráfica que determinou o conteúdo do Alcorão de maneira definitiva. A edição reconhecida como oficial pelas mais altas autoridades muçulmanas foi impressa pela primeira vez no Cairo em 1923; é a edição chamada de Boulag.[1]

Assim, os textos sagrados têm sua história; conhecê-la melhor nos convida não a crer menos neles, mas a idolatrá-los menos. Aí tam-

---

* Primo e genro de Maomé, assumiu o califado em 656, após o assassinato de Uthman. (N. da T.)

bém está a verdade, mas não toda, e podemos imaginar que, onde cresce a cultura, declina o fanatismo. Compreendemos igualmente que em certos países se venham a matar e a exilar aqueles que representam essa cultura e que, ao afirmarem a possibilidade plural da interpretação, lembram ao homem sua liberdade em face dos outros homens, mas também em face de Deus, com quem ele é capaz de discutir ou de "dialogar" sua palavra.

Os textos sagrados têm sua história. Os médiuns, os profetas também têm sua história, que vai influenciar para melhor ou para pior a qualidade de sua mensagem. Quando alguém se apresenta como o canal de uma palavra ou de uma revelação que vai além dele, não seria errado nos interrogarmos sobre o local, a profundidade de onde lhe vem sua inspiração. Da mesma maneira que não é ruim perguntar sobre esse espaço em nós mesmos, de onde nasce uma palavra, de onde nasce um desejo.

De onde é que eu falo? A questão deve ser colocada não somente com relação ao contexto social, como fizemos nestes últimos anos, mas também com relação ao nível de consciência ou de inconsciência no qual se encontra o locutor.

Eis um esquema, com todos os limites que esse gênero de representação implica, capaz de nos indicar a pluralidade dos níveis de onde pode se originar uma palavra apresentada como sagrada, ou seja, portadora de uma alteridade a qual ela deve servir ou traduzir. Esse esquema tenta levar em conta o que algumas correntes da psicologia contemporânea nos dizem, mas também as tradições com relação ao que permanece inconsciente no homem.

O espaço que está no centro do círculo também é o espaço que o contém. "O espaço que está no interior do cântaro é o espaço que preenche todo o universo." Espaço mais ou menos entulhado de memórias e de inconscientes. Mas por que somente um cântaro vazio teria o poder de cantar?

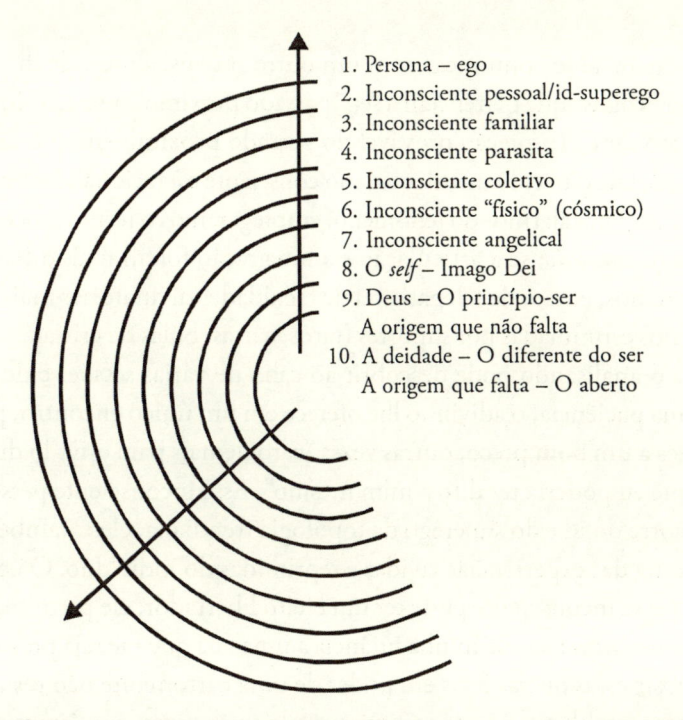

1. Persona – ego
2. Inconsciente pessoal/id-superego
3. Inconsciente familiar
4. Inconsciente parasita
5. Inconsciente coletivo
6. Inconsciente "físico" (cósmico)
7. Inconsciente angelical
8. O *self* – Imago Dei
9. Deus – O princípio-ser
   A origem que não falta
10. A deidade – O diferente do ser
    A origem que falta – O aberto

(1) *A persona*
A persona é a parte visível e audível do *iceberg*, é "aquilo através do qual o som passa" (persona). O som de quê? De quem? Pode ser simplesmente o som da consciência adquirida, o compartilhar de um ponto de vista, de uma opinião, de um julgamento. A palavra se origina aqui em uma racionalidade consensual que torna o diálogo possível sem que seja feito apelo a um "outro" diferente da sociabilidade estabelecida. Pode ser que essa "crosta" racional seja quebrada por alguns lapsos ou recordações emergentes que fazem com que a palavra "escape"; esse escape da palavra indica a presença de um outro discurso com sua própria lógica e coerência: o inconsciente.

(2) *O inconsciente pessoal*
O inconsciente, que é de início o inconsciente pessoal explorado pelos psicanalistas freudianos, é nossa história que se projeta no discurso. A fala não tem, então, nada de profético, entretanto ela se tor-

na capaz de se comunicar com um outro inconsciente e de lhe revelar "coisas" que pertencem a seu "passado próximo" ou a seu "futuro próximo" (projeção provável do passado próximo em questão). Se essa fala estiver bem articulada ao consciente e à racionalidade ambiente, para falarmos do fenômeno, empregaremos o termo inocente e vago *intuição*; se a articulação e a integração forem mais difíceis, falaremos, então, de telepatia ou de faculdades divinatórias mais ou menos estimuladas por suportes (tarôs, cartas, bolas de cristal...). O que o analisando pode descobrir ao cabo de várias sessões e de alguma paciência, o adivinho lhe oferece em um único encontro, por vezes a um bom preço, outras vezes "caro demais para ouvi-lo dizer o que eu poderia ter dito a mim mesmo". Esse inconsciente pessoal decorre do id e do superego da topologia freudiana; ele é, também, a soma das experiências vividas e reprimidas do indivíduo. O acesso a esse inconsciente pode ter um efeito libertador; ele permite integrar outras falas de minha infância a uma fala que me seja própria. Deixar essas outras falas em poder de uma cartomante não resolve o meu problema e pode até mesmo, algumas vezes, confirmar minha alienação e manter-me alheio a uma fala que me é própria.

(3) *O inconsciente familiar*
O inconsciente familiar é a história através de várias gerações de uma família e de seus rastros de memória no corpo (DNA). O acesso ao ancestral ou ao fantasma de algumas famílias (aquele de quem não se fala nunca e cuja ausência habita ou assombra o espírito das crianças; segredos ou não-ditos de família, pesados para carregar) não se faz sempre por meio de análise. Ainda que as pesquisas da análise transgeracional tragam frutos,[2] uma vidente pode lhe revelar atos bons ou maus do ancestral, que você tem tendência a repetir. A vidência não tem aqui nenhum poder divino, mas acesso ao inconsciente familiar, além de seu inconsciente pessoal. A intervenção dela pode, algumas vezes, ajudar a reintegrar uma fala (ou um semblante) perdida que permite que se infiltrem em nossa própria fala as falas

da linhagem, sem sermos manipulados por elas. Conhecemos as dificuldades que pode haver em gerenciar bem uma herança demasiadamente rica. O herdeiro não tem vida própria; ele é "o herdeiro", seu passado pré-pessoal lhe rouba a vida. Uma fala profética que vem do além (mais profundo que esse inconsciente pessoal e familiar) pode ser-lhe salutar: "Deixe que os mortos enterrem os mortos".

(4) *O inconsciente parasita*
Além do inconsciente familiar, que condiciona os elementos da própria personalidade, manifesta-se, em outro nível de inconsciente, certo número de porosidades ou de falhas que lhe permitem a comunicação não somente com os inconscientes encarnados neste espaço-tempo, mas também com inconscientes não retornados da mais simples luz ou "não idos"; inconscientes de defuntos, de espíritos desencarnados, mas ainda não espiritualizados.* Com esses espíritos acontece, segundo a experiência de grande número de pessoas, de parasitarem ou contaminarem nossos próprios espíritos. Os efeitos são às vezes benéficos, às vezes nocivos. O espiritismo no século XIX e a canalização em nossa época tentaram sistematizar e desenvolver esse tipo de experiência. Isso pode tornar-se até mesmo uma religião, como no Vietnã. De fato, "Deus, adaptando seu ensinamento aos progressos do espírito humano, mais refinado que antigamente, ter-se-ia manifestado dessa vez pela voz dos médiuns, não querendo conceder a nenhum mortal o privilégio de fundar o caodaísmo".[3]

As mensagens dos médiuns continuam a guiar os fiéis, "mas trata-se de uma mediunidade submissa ao controle da instituição religiosa. Essas mensagens provêm até mesmo de desencarnados europeus: Allan Kardec, Léon Denis, Camille Flammarion, Descartes (!), Joana d'Arc, Chateaubriand e sobretudo Victor Hugo, cujo retrato se encontra em lugar de destaque em alguns locais de culto".

---

* O autor quer dizer que esses espíritos ainda não estão libertos, ainda não se voltaram para a fonte de alguma maneira. (N. da T.)

Todos esses fenômenos ocasionaram, nestes últimos anos, uma literatura abundante. Com a atriz Shirley MacLaine, a canalização se tornou um produto clássico do mundo dos espetáculos. Os três volumes de sua autobiografia tiveram enorme sucesso na década de 1980, com mais de dois milhões de exemplares vendidos unicamente do *Minhas vidas*.

Mais uma vez, evangelhos também vão aparecer. Eles são revelados aos médiuns para completar ou esclarecer a Bíblia. O mais antigo exemplo dessa literatura é *Oahspe* (1882), que traz o subtítulo *Uma nova Bíblia*, preparado ao longo de 52 semanas de escrita automática na máquina de escrever do empresário J. B. Newbrough (1828-1891). Em novecentas páginas, ele narra: a origem do homem em um continente do Pacífico que submergiu no dilúvio (Pan); a evolução da religião através de onze profetas, de Zaratustra a Jesus (Joohw); o progresso do mundo, hoje, em direção a uma nova época chamada de "kosmon", na qual surgirá "um novo templo" que transformará a terra em um jardim de alegria e beleza. Esses temas são muito próximos dos temas da Nova Era. *O livro de Urântia* (1955), outro *best-seller* dos filhos de Aquário, é um mito cosmocêntrico que se apresenta, ao longo de 2.097 páginas, como "a primeira grande revelação da vinda do Cristo". Ele descreve o superuniverso Orvonton, no qual estão inseridos nosso universo local, Nebadon, e Urântia, nosso mundo. A biografia de Jesus é semelhante àquela do evangelho de Aquário. Encontramos também aí semelhanças com certos temas da Cientologia ou do Movimento do Graal (a Ilha do Paraíso lembra de maneira surpreendente aquela na qual se encontrava o mundo do Graal).

A canalização produziu igualmente um evangelho específico, *Um curso em milagres*.[4]

Em sua origem, em 1965, uma psicóloga americana de origem judaica, Helen Schucman, atéia, mas atormentada por questões religiosas e já familiarizada com fenômenos paranormais, ouve uma voz que lhe repete com instância: "Este é um curso sobre milagres. Tome nota, eu lhe peço". Ela fala sobre isso com seu professor na Universidade de Columbia, de Nova York, e ele a convida a se colocar em ação. E a voz (de Jesus Cristo?) lhe dita o novo evangelho, cujas mensagens serão reunidas sucessivamente a partir de 1975 em três obras: um livro de textos, um manual para os professores, um livro para os estudantes. Helen Schucman, até sua morte, em 1981, afirmará seu ceticismo quanto às mensagens recebidas, negando energicamente tê-las jamais inventado. Essa atitude ambígua com relação às comunicações que registram é a atitude comum aos canais. Mas a voz falava com uma autoridade impressionante, diz Helen. Devido a isso, sua prontidão para agir foi tão grande que ela chegou ao ponto de erguer uma Fundação para a Paz Interior, à qual se associaram centenas de grupos de estudos do Curso, no espírito da Nova Era.[5]

Seria necessário ainda falar de Jacob Lorber (1800-1864), que escreveu, por locuções interiores, enunciadas "diretamente pelo Cristo", 25 volumes de quinhentas páginas; e de Gabriele Wittek, que perdeu a mãe quando tinha 37 anos e a viu novamente no dia do aniversário de sua morte.

Ela participa então de reuniões nas quais "o espírito do Cristo" fala com uma mulher médium. De repente, este começa a lhe falar claramente, em 1975, por uma fala interior transmitida de início por seu "diretor espiritual", um anjo de alto nível, irmão Emmanuel. Em dois anos, ela acende da categoria de médium dotada à de "profetisa de nosso tempo".

A nova denominação do movimento em 1984, Vida Universal, marca o início de sua missão grandiosa: a partir de seu centro em Wurtzburg, começar a edificação do reino de Deus para a Nova Era que virá. "O tipo humano da Nova Era crescerá a partir da realização das leis espirituais. Esse tipo humano, pacífico, compassivo e forte, povoará o reino de Deus sobre a terra, o domínio do Cristo, que se exprimirá igualmente no exterior em escala mundial após a mudança de era."

E trata-se de construir concretamente essa Nova Era:

> É por isso que numerosas atividades exteriores começam a partir de agora: empresas, lojas, clínicas denominadas crísticas. Uma parte dos estabelecimentos só é adquirida para ensinar aos meus a maneira como os homens espirituais devem proceder às trocas, que não se fazem no sentido deste mundo onde se mercantiliza e onde se negocia sempre mais dinheiro.

A Nova Era ultrapassa, aqui, o simples estatuto de utopia religiosa. Ela se torna sistema social organizado, para utilizar a revelação transmitida por Gabriele.

Ainda na Alemanha, eis Uriella (Erika Bertschinger-Warter), que funda em 1980 o movimento Orden Fiat Lux. Considera-se simples intermediária de Jesus Cristo. Sua atividade de líder religiosa se enraíza em seus dons de curandeira e de vidente. Ela se manifesta nas sessões de transe público em que Jesus Cristo fala através de sua voz. Mas ele só revela um sincretismo banal no qual se encontram misturados os conceitos de reencarnação e carma, missa tridentina* e antipapa Gregório XVII.

Na França, no campo das revelações particulares, vindas do Cristo ou da Virgem, temos uma escolha bastante vasta que vai do grupo do Fréchou, no sudoeste, até a Revelação de Arès, na região da Gironde, ou a Cruz Gloriosa de Dozulé, na região de Calvados.

A religiosidade da Nova Era é assim caracterizada por uma mistura surpreendente de doutrinas ancestrais e conceitos do Oriente, mesclados com revelações bastante pessoais. E a prática banalizada

---

* Celebrada em latim e com o sacerdote de costas para a assembléia, também chamada missa pré-conciliar. (N. da T.)

e universal da canalização, já que desejada por seus adeptos como tal, abrirá com amplidão as comportas de uma religiosidade selvagem que corre o risco de se tornar incontrolável.

Essas religiões nascem sobretudo no Extremo Oriente. Coréia e Japão conheceram a influência do xamanismo. Este atribui grande importância às relações dos homens com as entidades espirituais. O reverendo Moon, por exemplo, começou recebendo uma revelação de Jesus, diz ele, numa manhã de Páscoa, em 1936. Mas afirma também ter encontrado no mundo espiritual elevadas figuras religiosas da história. E ele continuará a se comunicar com certos membros de suas congregações por meio da comunicação espiritual. "O mundo dos espíritos", explica, "está sempre à nossa volta, na escuta e atento. Ele está a nosso alcance." "Também, assinala J.-F. Meyer, trata-se, para o moonista, de saber utilizar esse mundo para se beneficiar de sua assistência e de sua influência gratificante. Na perspectiva unificacionista, a multiplicação dos canais entre o plano espiritual e o plano físico na época presente é um sinal dos tempos, ligado ao segundo Advento, à Nova Era."[6]

Foi necessário citar de maneira extensa esses artigos sobre a Nova Era; eles só fazem acrescentar confusão, distinguindo mal o que decorre de uma simples informação advinda do inconsciente pessoal, de um anjo, de um espírito desencarnado, ou de uma entidade externa à pessoa em questão, ou simplesmente de um arquétipo cuja imagem e fala permanecem sempre em ação, no seio do inconsciente coletivo.

Reservamos o nome de "inconsciente parasita" a essa experiência particular de um sujeito possuído por uma fala que não é a sua, que o adverte, que lhe passa sermões, que o lisonjeia, que o angustia... e cuja integração à fala própria permanece improvável. Isso pode levar a estados de dualidade ou, ainda pior, de identificação que tornam difíceis sua vida e a daqueles que lhe são próximos:

> Desde o início do espiritismo, os médicos haviam apontado os efeitos nocivos de sua prática sobre a saúde mental de numerosos adeptos. O

médium anulando-se passivamente diante da personalidade do hipnotizador, o canal deixando espaço livre a todas as fantasias do inconsciente, enfraquecendo, assim, suas defesas e seu controle voluntário, a ponto de se desdobrar involuntariamente e se dissociar, entrando em transe a qualquer momento e escorregando aos poucos para dentro do delírio. Por vezes lhes será impossível reencontrar sua personalidade real, pois estão "habitados" pelo espírito ou entidade viajante. E, em seguida, ninguém está ileso do contágio. Na época do primeiro grande frenesi de comunicação com o além, em 1855, um quarto dos duzentos alienados do hospital de Zurique eram espíritas, e dois quintos daqueles do hospital de Gand.

Conforme a evolução da pessoa e sua maturação, essas vozes normalmente chegam a desaparecer. A aceitação do silêncio e da solidão permitirá ouvir as vozes de um inconsciente mais profundo.

(5) *O inconsciente coletivo*
Herdamos de nossos atos passados alegrias ou traumas de nossa primeira infância; herdamos dos atos passados de nossa família, mas somos também filhos e filhas de uma certa cultura, de uma determinada civilização, temos também um "inconsciente coletivo". O neurótico pode ser o joguete de seu inconsciente pessoal ou familiar; o psicótico é a presa do inconsciente coletivo, ele é habitado (possuído) por imagens e símbolos dos quais não chega a se diferenciar.

É provável que a fala de alguns líderes carismáticos se direcione a esse inconsciente coletivo. A ascendência de um Hitler sobre as multidões, levando em conta a pobreza da mensagem, pode ser explicada de outra maneira? Nesse nível não se fala mais de adivinho ou de vidente no sentido corrente do termo; será utilizado pela primeira vez o termo *profeta*, mas profeta de quê, de quem? Do inconsciente coletivo. Isso quer dizer que alguns indivíduos recolhem a fala perdida de todo um grupo ou de uma etnia específica e, ao ouvir essa fala, o grupo parece encontrar ou reencontrar sua coerência, sua identidade.

OS INCONSCIENTES EM QUE SE ANUNCIA UMA PALAVRA

Um dos sintomas da ascendência do coletivo sobre um indivíduo é justamente sua perda do sentido das pessoas. Em nome da coletividade, da raça, da fé ou de uma ideologia comum, ele cometerá todo tipo de crimes, visando aniquilar a livre expressão daqueles que permanecem insubmissos à causa comum.

Dizer, por exemplo, que o inconsciente de Maomé estava submerso no inconsciente coletivo de um povo humilhado, que não tinha religião nem texto próprio, seria reduzir a inspiração divina que ele teve? O significado dessa afirmação não seria mais no sentido de dizer que o inconsciente divino opera no homem a partir de seus limites, ou seja, de sua história, de sua cultura e, acima de tudo, de sua língua? Toda língua é sagrada para aquele que a fala como expressão do sentido escondido ou profundo de sua existência. Com toda razão, os muçulmanos dizem que o Alcorão é intraduzível, ele só fala àqueles que foram alimentados, informados em sua língua. Língua materna, língua de origem. Trata-se, portanto, realmente, de uma revelação para o povo árabe. Querer converter um ocidental ao islamismo é pedir-lhe que mude de língua, ou seja, que mude de inconsciente coletivo. Sem dúvida isso é possível, mas não sem um grave problema de identidade. A conversão àquilo que é estrangeiro determina a *schize** na qual vivem mais ou menos felizes os novos convertidos, antes que voltem atrás, de maneira inconsciente, é claro, aos horrores da culpabilidade que só a histeria e o fanatismo conseguem apaziguar.

O inconsciente coletivo não é universal, como com freqüência se diz dele; é até mesmo muito particular (para o universal, falaremos do inconsciente físico ou cósmico). O inconsciente coletivo nos reserva muitas surpresas, e não faltarão seus canais, profetas, para a reconstrução ilusória de nossos narcisismos coletivos humilhados. Antes de nos sentirmos humilhados, consentir com nosso húmus,

---

* Expressão usada pelos lacanianos, ligada à esquizofrenia; pode significar "fenda". (N. da T.)

com nossa poeira, já que, a partir de agora, "nós, das civilizações, sabemos que somos mortais" (Valéry).

O inconsciente coletivo é também o local dos grandes símbolos, dos arquétipos, e é por isso que os profetas e os líderes carismáticos, em seus discursos, fazem grande uso dele e entram, assim, em ressonância com as imagens que estruturam os indivíduos. Esse inconsciente não é estruturado como uma linguagem, mas como uma imagem, daí a importância de conhecer as grandes imagens que nos habitam e orientam o destino de nossa cultura. Nosso interesse por isso poderia permitir que nos mantivéssemos livres dos grandes mitos veiculados por certos discursos ditos proféticos.

(6) *O inconsciente "físico"*
Por inconsciente físico não devemos entender o inconsciente biológico — que também merece estudo, uma vez que o corpo tem linguagem própria e dificuldades para dizê-la; não se trata também dos anjos ou dos devas, deuses ou espíritos da criação, recolocados na moda pela comunidade de Findhorn e mais particularmente por Dorothy MacLean, familiarizada com esses "espíritos sutis da natureza". Tratar-se-á, antes, dessa fala que vem da terra, que se exprime no seu desdobrar, tal como a encontramos no ensinamento dos sábios e dos filósofos.

"Físico" vem da palavra grega *physis*, traduzida, geralmente, por "natureza", e do verbo *fuein*, que quer dizer "crescer" ou "fazer crescer". A *physis* ou natureza é o que se deixa ver, o que desabrocha. Levando em conta a existência de um mundo, o que surpreende é o fato de ele chegar a aparecer; a palavra inspirada ao sábio e ao poeta mantém-se nessa admiração. O mundo desabrocha, permanece em aberto, mantém-se aí e habita o olhar. Ele dura por um tempo. Aquilo que desabrocha é também a presença daquilo que desvanece. O surgimento do mundo, então, se oferece à reflexão como um sonho. A palavra inspirada ao sábio e ao poeta vai indicar o ser em trânsito no mundo. Sua admiração coincide com uma lucidez, daí os paradoxos com os quais sua linguagem será semeada.

Ver o mundo em seu surgimento e vê-lo em seu desaparecimento; vê-lo desabrochar e vê-lo desvanecer – e tudo isso dizer em uma única palavra: *physis*.

Linguagem da estrela e de seu buraco negro. Os mestres zen, Lao Tsé algumas vezes se aproximaram disso, mesmo que não fossem físicos contemporâneos.* Pois para onde seus estudos os conduzem se não para dizer o inconsciente do mundo, o obscuro de onde nascem esses clarões, a grande noite na qual nasceu a luz do mundo?

Em seu fragmento 123, Heráclito dizia que "a *physis* gosta de se esconder [*physis kruptesthaï philei*]". Trata-se da fala retida ou contida no desdobrar transitório das coisas que o sábio e o poeta terão que decifrar. Estes não anunciam nada, não têm nada a profetizar; têm a dizer o que é, no seu surgimento e no seu desaparecimento. A contemplação daquilo que desvanece naquilo que desabrocha talvez esteja na origem de dizeres como os do Eclesiastes, talvez na origem dos dizeres de Lao Tsé. Interrogar-se sobre a vaidade e a vacuidade do mundo, sem cessar de celebrar seu surgimento e sua beleza, conduz a fala em direção à origem onde ela floresce, na adequação a este mesmo mundo.

Na comoção da *physis* desabrochada ou desvanecida, a árvore cresce e declina, o leão ruge e o homem canta aquilo que não sabe mais dizer. Não é colocar o poeta acima do profeta, é situá-lo em um espaço diferente, em uma língua que não é somente aquela do indivíduo e da coletividade; sua língua não é somente a dos homens, é também a dos pássaros, é uma das vozes possíveis através das quais o mundo tenta exprimir-se ou desvelar-se (*aletheia*).

---

* O autor quer dizer que os mestres zen se aproximaram disso por meio da linguagem das estrelas, do "olhar desabrochado", mas os físicos também o fizeram, através da linguagem do buraco negro, do "olhar desvanecido". (N. da T.)

(7) O inconsciente angelical
Numerosos livros relatam, hoje, diálogos com o anjo; o mais conhecido é o de Gitta Mallasz:*

A história se passa na Hungria, durante os anos 1943-1944, no momento mais forte da última guerra mundial. Três jovens mulheres se encontram durante o fim de semana para se aprofundarem em seus problemas pessoais. Uma é católica, Gitta. As duas outras, judias, Hanna e Lili. Para irem mais adiante em suas trocas, elas decidem ir aos encontros, a partir de então, cada uma levando um texto por escrito. No dia 25 de junho de 1943, após ter escutado o texto de Gitta, Hanna quer falar de sua decepção com esse trabalho, que ela julga demasiadamente superficial. De repente, sente crescer nela uma força e uma voz desconhecidas, que, através de sua boca, repreendem Gitta de maneira áspera. Durante 17 meses e quase todas as sextas-feiras às 15 horas, as mensagens do além se exprimem ao longo de 98 diálogos, através de Hanna, seu canal. Apresentam-se como sendo os anjos de diferentes membros do grupo.

Gitta Mallasz falará do anjo como de seu duplo de luz, e cada vez mais como seu mestre interior, o guia enviado por Deus para reconfortá-la e mantê-la em um caminho de retidão, alegria e beleza. Isso corresponde bastante bem à definição tradicional de anjo da guarda. As reflexões posteriores de Gitta, mesmo que não tenham nada de original, não carecem de interesse; em uma linguagem popular e pseudocientífica, ela falará de PSDN: "presença simultânea em dois níveis: estado de consciência plenamente desperto tanto no plano material quanto no plano espiritual", o que descreve, em termos não-junguianos, o ambiente de "sincronicidade" no qual vivem

---

* *Diálogos com o anjo*, publicado em português, em 2003, pela Editora de Cultura. (N. do E.)

aqueles que se abriram ao *Unus Mundus*;* mas pergunto por que acrescentar: "com a PSDN é o homem de Aquário que se anuncia",[7] quando se trata simplesmente do "homem" e, segundo a antropologia mais tradicional, "ponte ou escada entre o céu e a terra", que tem como função, se não como missão, essa união dos "dois mundos", como dizia Rumi** (1207-1273): "O homem é metade anjo, metade animal. O anjo é salvo por seu conhecimento e o animal por sua ignorância; entre os dois, o homem fica em litígio".

O homem é ao mesmo tempo terrestre e celeste, de carne e de espírito, mas ele não tem que se tornar espírito puro para se unir à divindade. Tem que integrar em si a voz do anjo, bem como a voz do id, maneira contemporânea de denominar o animal dos antigos. O acesso ao inconsciente angelical é dos mais importantes para o homem contemporâneo. Ele inaugura no homem a passagem ao mundo espiritual. Abre a via ao ontológico. "A angelologia instaura uma relação original entre o humano e o sobre-humano, que funda uma antropologia na qual o homem não saberia se conceber em plenitude sem sua dimensão celeste."[8]

Serge Boulgakov*** fala do anjo como "ego celeste" do homem, liberto de sua identificação com o ego empírico. Liberto não quer dizer desidentificado; haveria então ruptura, e essa ruptura dá lugar a formas de angelismo que são desconhecimento da missão do anjo, que é justamente restabelecer a ligação perdida entre a matéria e o espírito. O anjo é a proximidade de Deus no homem, é o órgão de seu espírito que se manifesta a nosso espírito. As palavras que ele nos inspira são ecos daquelas do logos encarnado. Mas há também os anjos maus, as potências das trevas, que se disfarçam de anjos de luz.

---

* Expressão utilizada por Jung para designar a conjunção do psíquico e do físico, a unidade da realidade. (N. da T.)

** Jalal al-Din Muhammad Rumi, místico persa que influenciou profundamente o sufismo. (N. do E.)

*** Padre russo (1871-1944), grande teólogo ortodoxo do século XX. (N. da T.)

Como reconhecê-los? Pela excitação e inflação que eles provocam; o ego se sente o Ser em lugar de sentir sua participação no Ser. O anjo de luz se distingue ao unir, o anjo das trevas se mistura ao separar. Há, por exemplo, uma grande diferença entre dizer "o Cristo sou eu" e "não sou mais eu que vive, é o Cristo que vive em mim".

Por um lado, um espírito nos inspira a fusão, a mistura com o Cristo: a inflação ou a tomada do ego como refém pelo arquétipo. Essa inflação conduz a uma separação, a uma impossibilidade de união ao Cristo, uma vez que ele não é mais diferenciado de nós. A relação está excluída ou, em outros termos, o amor e Deus não são mais possíveis ao homem. Por outro lado, um espírito nos inspira a relatividade de nosso ego, coloca-o em sua relatividade e faz com que se lembre daquele que vive nele; há a inscrição do ego no centro de uma relação, que é da ordem da encarnação. O anjo lembra ao homem que ele tem de manifestar o logos, tem de ser sua imagem encarnada. O ego é o local de manifestação do *self*, seu período sensível.

Por um lado, o anjo (mau) encerra o homem em seu ego "inchado" antes de reduzi-lo ao id, quando o ego estará "murcho" (reconhecemos aqui o ritmo maníaco-depressivo). Por outro lado, o anjo, através da aceitação do ego esburacado do homem (o Ser que lhe falta), abre-o ao Outro, que o investe na elevação e no respeito aos seus limites. Encontramos aqui a simbologia do paraíso e do inferno e de seus respectivos anjos. O anjo infernal nos encerra em nós mesmos, consome o outro, o reduz ao si mesmo, ainda que esse outro seja o Cristo, o Buda ou o próprio Deus. Ele instaura o reino da preocupação, quer esta seja narcísica, quer megalomaníaca. Essa preocupação toma no homem o lugar feito para o louvor.

O anjo do paraíso, ao contrário, abre-nos ao Outro e nos restabelece em sua presença. Ele não consome o Outro, mas comunga no amor à sua inacessível proximidade. Instaura o reino do louvor ali onde a preocupação narcísica ou megalomaníaca tendia a tomar todo o espaço. Restabelece o homem no amor, ou seja, em seu "ser para o Outro"; ou, em uma linguagem diferente, devolve ao ego sua transparência ao *self*, devolve ao homem a possibilidade de ser um espelho para a luz, uma "imagem de Deus".

(8) *O self – Imago Dei*
Podemos ser inspirados pelo *self*, ou por aquilo que Jung chama, ainda, de *imago Dei*? Sem dúvida, convém nos entendermos sobre o que queremos dizer com esses termos, porque muitos também se dirão inspirados ou guiados pelo *self*, quando estão em algo que não passa de uma ampliação, para não dizer uma inflação do ego. A esse propósito Jung observava:

> Pode parecer supérfluo comentar mais uma vez sobre a diferença, constatada há muito tempo, entre a tomada de consciência e a realização de si (individuação). Mas, com freqüência, vejo que o processo de individuação é confundido com a tomada de consciência do ego e que, assim, o ego é identificado com o *self*... A partir daí, a individuação se torna simples egocentrismo e puro auto-erotismo.[9]

Jung elaborará sua noção do *self* como arquétipo da integração dos opostos (mais que da totalidade) a partir de sua experiência com as mandalas, imagens que ele encontrou em numerosas tradições, mas também nos sonhos e nos desenhos de seus pacientes. Desenhos que indicam, por meio de formas diversas, um esforço em direção ao centro, uma orientação em direção a um meio, a partir do qual se organiza uma figura. O *self* será, portanto, colocado como o centro inconsciente da personalidade, que ao mesmo tempo a contém e a ultrapassa, e a individuação consistirá no reconhecimento e na integração desse centro. "Isso é 'ser inteiro'. A coordenação do ego e do *self* realiza a totalidade, quaisquer que sejam as feridas e as faltas, pois não se trata de saber tudo nem de ser tudo, mas de existir segundo uma estrutura na qual atuam princípios opostos."[10]

Ser inspirado ou conduzido pelo *self* é estar centrado. Pode-se reconhecer uma fala vinda do centro por seus sabores de "integração", de formulação com freqüência paradoxal; ela mantém unido o que a simples racionalidade ou a personalidade consciente teriam tendência a excluir ou a colocar em oposição.

O *self* é o padre invisível que abençoa as núpcias da bela e da fera. Ele não é a bela, assim como não é a fera; ele conduz o desejo bestial, assim como o desejo angelical, para além deles mesmos, por meio de seu encontro, julgado impossível ou inaceitável pela consciência.

Nos sonhos, o *self* pode aparecer sob a forma da criança divina que Jung chamará ainda de *imago Dei*. A imagem não é Deus, mas sua marca no homem, assim como o *self* não é Deus, mas a estrutura por meio da qual Deus se exprime ou se imprime no homem.

De certa maneira, o espelho é a luz que ele reflete, e não é a luz. Por meio de seu reflexo, ele próprio se torna fonte de luz e, no entanto, ele não é a fonte, é uma fonte derivada.

Tomar-se pela própria fonte seria, mais uma vez, inflação. Os místicos podem algumas vezes dizer "eu sou Deus"; é quando o espelho se torna inteiramente luz, inundado pela fonte que ele reflete e, no entanto, estritamente falando, ele não é essa fonte. Falar do *self* como sendo Deus é uma inexatidão, se não abuso de linguagem. A formulação correta seria poder dizer em uma só frase, como o próprio Cristo: "O Pai e eu somos um. O Pai é maior do que eu".

O rio e a fonte se tornam um e, no entanto, a fonte é infinitamente mais do que o rio exprime dela. Compreendemos melhor por que os padres da Igreja chamavam o Cristo de "arquétipo da síntese". É esse processo no interior de nós mesmos que visa à integração do criado e do incriado, do finito e do infinito, do eterno e do tempo, do filho e do pai, de Deus e do homem. O Cristo é a imagem do Deus invisível, a imagem do Deus encarnado. Despertar-nos nesse nível do *self* nos coloca em ressonância com a realidade encarnada e manifestada no Cristo. Ela nos devolve a nosso estatuto de homem criado "à imagem e semelhança de Deus". A imagem é o arquétipo da síntese, a estrutura capaz de integrar em nós os contrários; a semelhança é o processo de colocar essa estrutura ou síntese em atos ou em corpos, é o processo por meio do qual o homem caminha em direção à sua identidade plena. "Filho voltado em direção ao Pai, no Espírito Santo", e o Espírito Santo, aqui, é o que liga o *self*, "arquétipo da totalidade", ao que o fundamenta.

(9) *Deus – O criador – A origem que não falta – O ser*
Por Deus seria necessário entender aqui o criador do *self*, o que faz com que haja, em lugar do nada, um homem, e principalmente um homem em busca de sua inteireza. O princípio que manifestava o filho, "visível do invisível". É claro, estamos além das dualidades consciente e inconsciente, uma vez que estamos de fato no mundo da origem e daquilo que fundamenta ambos.

Aqui a origem não falta, e temos razão em dizer que essa ou aquela palavra – Torá, Evangelho, Alcorão... – vem de Deus, já que toda palavra tem uma origem. Falta perceber que essa palavra, para chegar até nós, terá atravessado numerosas camadas de inconsciente – coletivo, familiar, pessoal –, e ela não pode ter-se esquivado de conservar algumas marcas, da mesma maneira que o rio traz em suas águas os sedimentos de suas margens (de seus limites). Não se trata de negar o frescor de sua fonte, trata-se de constatar as poluições da foz e se surpreender de que, apesar delas, ainda haja algo de "potável", de audível ou de compreensível para nossa humanidade sedenta. Se até aqui cuidamos de observar que tudo o que se dizia pela boca dos inspirados não era Deus, mas esse ou aquele nível do inconsciente, trata-se agora de relativizar essa informação, já que tudo tem uma origem – consciente ou inconsciente, pouco importa –, nada é sem o Ser, tudo o que é real só o é por meio da participação na Realidade. Nada existe fora do Ser que faz Ser, nada é sem Deus. Deus fala tanto pela boca dos loucos quanto pela boca dos sábios, isso os sábios sabem. Deus fala tanto pela boca dos sábios quanto pela boca dos loucos, isso os loucos não sabem. Não há outra realidade além da Realidade; a partir do momento que uma coisa existe, ela é a Existência, só podemos "encontrar Deus em todos os lugares". Buscá-lo em qualquer outro lugar que não seja todo lugar é sinal de alguns meandros perversos de nosso inconsciente. Dito isso, vamos cair em êxtase diante dos borborismos* da morsa enamorada, dos murmúrios da mulher apaixonada, dos balbucios do bebê ou dos discursos "muito inteligentes" do senhor senador na Assembléia? Esse poderia ser o caso daqueles "a quem a origem não falta" e que sabem que todo efeito tem uma causa, uma Causa primeira, que todo movimento não é movido por si mesmo e que é necessário retornar a um "motor primeiro" movido por si mesmo, um Existente que existe por si mesmo.

Os textos sagrados das grandes religiões nasceram dessa origem que não falta. Se ela viesse a faltar, não haveria mais textos sagrados, assim como não haveria mais homens ou universo. O problema é que cada uma das religiões faz de seu texto uma apropriação da origem que não falta; ela faz do texto a "sua" origem.

De sua apreensão relativa do Absoluto, ela fará um absoluto e terá tendência a querer impô-lo aos outros, para seu bem ou sua salvação. Se é verdade que em toda palavra é o Ser que fala e que toda palavra, nesse sentido, merece respeito, é igualmente verdade que em toda palavra não é todo o Ser que fala e, nesse sentido, nenhuma palavra merece adoração. Pois é necessário colocar a questão da "Origem da origem", da Causa da causa, do Anterior ao Ser... Pois, se para nós a origem não falta, e não pode nos faltar enquanto existirmos, uma vez que existimos, à própria origem falta uma origem. De qual não-ser o ser é causado?

"O que havia antes, antes...?", pergunta a criança apontando o dedo para o *beth* (de *bereshit*: na origem), primeira vogal da Torá no livro do Gênesis e, no entanto, segunda letra do alfabeto. "Antes, antes, havia o aleph – o insondável, o inominável", poderia responder o rabino. A criança ficaria contente porque teria obtido uma respos-

---

* Ruído produzido no abdômen por gases intestinais. (N. da T.)

ta; o rabino ficaria contente porque, ao dizer isso, não teria respondido nada, teria consolado uma criança.

Se o Ser nos fala por meio dos grandes textos sagrados da humanidade, é para consolar as crianças que somos. Encontraremos, aí, grandes palavras que tomaremos como respostas, enquanto seu sentido nos escapa. E guerrearemos sobre o que compreendemos e talvez façamos a paz sobre aquilo que ignoramos.

Felizmente, a palavra mais sã é a palavra mais plena de buracos – ela se recusa a toda apropriação.

A origem mais segura não é aquela que nos fundamenta, que nos coloca no ser; a origem que temos não é o belo e bondoso Deus criador, em nome de quem podemos nos matar uns aos outros; é a bela e insondável deidade a origem que nos falta e que falta a todos os nossos deuses.

(10) *O aberto – A deidade – A origem que falta – O diferente do ser*
Mestre Eckhart fazia observar que de Deus até a deidade há um abismo. Deus é uma criação do homem; esse tema será retomado por Angelus Silesius. "Deus sem mim não pode fazer um simples vermezinho. Se eu não me mantiver com Ele, é a sua ruína. Deus se mantém comigo tanto quanto Ele me é necessário; eu o ajudo a manter seu ser e Ele, o meu."

A noção de criador é uma noção de criatura refletindo sobre seu ser e sobre sua causa – nada de mal em tudo isso, etapa necessária, mas não etapa final. Trata-se de ir além de Deus, de todo conceito de origem ou de causa.

Aqui o inconsciente pode ser realmente chamado de inconsciente, não por falta de objeto a ser pensado, a vir à consciência, mas por sua própria natureza; e a linguagem que tentará, balbuciando, exprimir essa realidade só poderá ser aquela que encerra uma negação (apofática). A deidade não fala, toda palavra é palavra de Deus e do homem, expressão e acontecimento do ser; não há expressão ou linguagem para aquele que é diferente do ser. Aí, os profetas se silenciam e, se falam, é para nos lembrar do silêncio. Como diz Inácio de Antioquia, "o Verbo saiu do silêncio para nos levar de volta ao Silêncio". De sua saída, os profetas denunciam as verborragias que fazemos de sua passagem entre nós; eles nos convidam ao deserto, onde a presença que nos fala ao coração nos liberta de todas as palavras, mas também de todas as formas. A presença nos "abisma". Os ecos que tentaremos recolher desses abismos serão inúteis. Dênis, o Teólogo, quando fala, não nos faz desesperar com a linguagem? Ele não nos dá vontade de nos calarmos?

O último real não tem nome e tem todos os nomes. Ele não é nada daquilo que é e ele é tudo o que é. Só o conhecemos pelo desconhecimento. Toda afirmação, bem como toda negação, permanece aquém de sua transcendência. "Ele é o mistério que está além do próprio Deus: o Inefável, aquele a quem tudo nomeia, a afirmação total, a negação total, o além de toda afirmação e de toda negação."[11] A apófase não é, portanto, só uma teologia negativa. O real está além do que afirmamos sobre ele, bem como daquilo que negamos sobre ele, ou seja, além do funcionamento dual ou binário da psique: nem isso nem aquilo, diferente do ser. "De Deus é impossível dizer o que Ele é em si mesmo, e é mais exato falar dele por meio da exclusão de tudo. Ele não é nada de fato daquilo que é. Não que Ele não seja de alguma maneira, mas porque Ele está acima de tudo o que é, acima do próprio ser."[12]

Os profetas nos permitem escutar a voz daquele que é; os místicos, a voz daquele que é diferente do ser, aquele que não existe. Não se trata de preferir uma voz à outra, mas de escutá-las ambas juntas (aliás, YHWH não pode ser traduzido por "Eu sou quem eu Sou", "Eu sou aquele que É" e "Eu sou aquele que não existe"?).

Trata-se de estar atento àquele que é em nós, que nos "existencifica", mas também estar atento àquele que não existe em nós, essa vacuidade, esse espaço, fonte e fim de nosso sopro, de onde vem a vida e para onde retorna a vida, de onde vem o Ser e para onde retorna o Ser. Essa atitude tem a vantagem de nos libertar de todo fanatismo e de toda idolatria. Dificilmente podemos impor aos outros a origem que nos falta. E, se não podemos nos entender sobre a origem que temos (meu Deus não é o seu Deus, o Deus dos muçulmanos não é o Deus dos judeus, por exemplo), podemos nos ouvir sobre a origem que nos falta (de onde vêm os deuses ou o Deus nos quais acreditamos?). Aquilo que se exprime através do "canal profético" toma a forma de ponto de exclamação, e o que se exprime através do "canal místico" toma a forma de ponto de interrogação.

Essas formas são as do próprio canal, cada uma tem seu lugar na frase cujo sentido nos esclarece e nos escapa, esperando pelo ponto final ou pelo fundo da página, imaculado sob nossas rugas.

Discernimento

Quando discernimos um pouco melhor de onde vem uma palavra ou uma inspiração, estamos, de início, menos apressados em dizer que quem a pronuncia é um santo, um profeta ou que ele delira, que é louco; temos menos pressa em encerrar em asilos esses "seres falantes" ou em construir altares para eles... Mas ainda não falamos se isso é bom e útil aos indivíduos em uma sociedade e em um tempo determinados, e se isso ainda fala a nós após séculos de interpretação que nos separam da palavra viva.

Os critérios de discernimento tradicionais ainda permanecem atuais:

- reconhecemos uma árvore por seus frutos;
- a parábola do trigo e do joio nos convida igualmente a deixar crescer um e outro, a não arrancar nada até a colheita. Se vier de Deus, durará; se não vier de Deus, passará. Em linguagem budista: "Tudo o que é composto será decomposto..." Existe uma fala, uma frase, um nome, uma palavra que não seja composta?

Então, aceitar que não se sabe tudo sobre o que é bom ou mau – isso é bom ou mau de acordo com a pessoa que escuta, sua orelha "fala" tanto quanto a fala que ela ouve... Convite à paciência, à humildade, à sabedoria sem dúvida? Como diz Seng Tsan:*

> Se você quer ver claramente a verdade,
> escute as opiniões favoráveis e adversas.
> Quando você afirma a realidade das coisas,
> você perde a verdadeira realidade delas.
> Quando você declara que as coisas são vazias,
> você nega igualmente a realidade delas.
> Não vá em busca da verdade.
> Abandone somente as opiniões ingênuas.
> Retornando à própria raiz,
> você encontrará o significado de todas as coisas.

Será que temos matéria suficiente, falas suficientes, imagens suficientes, sopros suficientes para fazer um semblante sob nossas máscaras de argila?
Sim!
Quem disse sim?

---

* Terceiro patriarca zen-budista (?-606). (N. do E.)

III

SOBRE O MESTRE
ELEMENTOS DE DISCERNIMENTO

1. SEGUIR ALGUÉM, SEGUIR UM ENSINAMENTO

Sobre a expressão *sequi*, "seguir", dizemos que uma seita é um grupo de homens e mulheres que "seguem" um mestre ou um ensinamento. A propósito disso, devemos observar que Jesus jamais pediu a seus discípulos que o seguissem, ao contrário das traduções que conhecemos dos evangelhos. Por exemplo: "No dia seguinte, Jesus resolveu partir para a Galiléia, e achando Felipe disse-lhe: 'Segue-me'" (Jo 1,43).

Entretanto, se examinarmos o texto grego, não se trata de seguir Jesus, mas de caminhar com ele, de ser, literalmente, seu "acólito" (*acoloutheï moi*). Yeshua pede a seus discípulos que caminhem com ele, não que o sigam. "Eu não mais os chamo de servos, eu os chamo de amigos", o que é muito mais exigente. Caminhar atrás de alguém, segui-lo, é, de certa maneira, dispensar-se de ser você mesmo, demitir-se de seu eu verdadeiro, deixar-se pensar e agir por um outro, esconder-se por detrás dele. Quantos crimes foram justificados em nome da obediência? "Nós não sabíamos"; "Só obedecíamos, executávamos ordens." Ficamos surpresos em ver a que ponto os maiores carrascos ou torturadores da humanidade são crianças obedientes!

Jesus conhece essa armadilha para a qual ele poderia conduzir aqueles que só pedem para segui-lo, reproduzi-lo, imitá-lo, repeti-lo.

Contrariamente ao grande inquisidor e a certo número de mestres contemporâneos, ele não quer "livrá-los do fardo de sua liberdade", mas revelar-lhes a beleza da exigência: "Caminhe comigo".

Uma outra fala é igualmente mal compreendida com demasiada freqüência: "Aquele que não toma sua cruz e não me segue não é digno de mim" (Mt 10,38). Essa é a tradução, da Bíblia de Jerusalém, das palavras de Jesus no Evangelho de Mateus. Se, novamente, examinarmos mais de perto o texto grego, aproximar-nos-emos de outra tradução, e esta não deixará de trazer consigo implicações concretas para nossa vida cotidiana e nossa maneira de encarar o cristianismo.

A palavra *cruz*, *stauros* em grego, vem do verbo "manter-se de pé": *to stand*, em inglês; *stehen*, em alemão; *instaurer*, em francês; instaurar, em português – todos provenientes da mesma raiz. Tomar sua cruz, portanto, não é sofrer passivamente sua vida, fazer-se escravo de um destino tirânico, mas encará-lo, manter-se de pé, tomá-lo "de braços abertos", ser livre com relação a ele, "aceitar o inaceitável", diria Graf Dürckheim, não para se comprazer com ele, mas para atravessá-lo: passar a escolher uma vida em vez de se submeter a ela. Aí está nossa primeira páscoa a ser vivida, a primeira passagem (*pessach* em hebraico), da terra vermelha (*adamah* em hebraico) em direção à terra branca de nosso ser desperto-ressuscitado.

"Aquele que não toma sua cruz e *não me segue* não é digno de mim." Dessa vez a tradução está incorreta; no texto grego não há negação (*acoloutheï opiso mou*), o que evidentemente muda muito o sentido: "Aquele que não toma sua cruz e *caminha seguindo meus passos* não é digno de mim". Quer dizer que aquele que se faz seguidor ou imitador de Jesus não é digno dele. Aquele que se mantém "atrás" em vez de "caminhar ao lado", em vez de ser seu "acólito" (*acoloutheï* dará a palavra *acólito*), renuncia a ser ele próprio, desobriga-se de si mesmo sobrepondo-se ao outro que ele segue, não é digno "daquele que É aquele que Ele é", literalmente não tem peso próprio (cf. a palavra *axios*, "digno", que significa ter peso), como bem observa Marie Balmary e outros intérpretes.[1]

E aí está nossa segunda páscoa: parar de "seguir" o Cristo para "estar com" ele. Passar de uma vida imitadora, de seguidor, para uma vida própria. Passar da fala do outro, repetida, incompreendida, para a fala do outro, integrada, que se tornou nossa própria fala. Passar do desejo do outro sobre mim para o meu verdadeiro desejo, pelo qual me faço responsável ao seu lado.

Novamente, há aí uma passagem da terra vermelha em direção à terra prometida, uma páscoa que é a passagem do velho Adão, o *adamah*, o velho em nós, passagem das programações arcaicas de nosso paleoencéfalo para uma informação nova: uma vida não detida pela imitação do outro, pela repetição do passado, uma vida aberta ao desconhecido, ao inaudito do ser não detido pela morte.

Aquele que não assume o seu destino livremente, que não se mantém de pé (*stabat mater*) diante do inaceitável, aquele que se faz seguidor, imitador, repetidor de quem quer que seja e não assume sua fala e seu desejo, não tem peso. Ele não tem a insondável leveza daquele que, sem cessar, passa do "ser para a morte" para o "ser para o amor" – de uma postura que se submete à vida para aquela que escolhe a vida. Seu "Eu sou" é sem "Eu". Esse Eu capaz de "dar sua vida", quando tudo parece querer tomá-la.[2] Nosso "Eu" pascal.

É esse "Eu" pascal, "morto e ressuscitado", que muitos sectários ignoram, reduzindo-o ao ego, simples pacote de memórias e de determinismos, bastante capaz de se submeter e de "seguir"; mas nada é transformado, mesmo quando dizemos ter confiado esse ego às mãos do mestre, para que ele se encarregue dele!

Como um verdadeiro mestre espiritual cuidaria de nossa liberdade? Ele está aí para despertá-la! Para nos tornar responsáveis e orientá-la em direção ao melhor e ao bem-estar de todos...

Pedagogicamente, sem dúvida, devemos começar seguindo, imitando, como uma criança imita o pai e a mãe, para aprender com eles a língua e os gestos; mas virá o momento em que, se ela não quiser permanecer infantil, deverá "deixar a casa de seu pai e de sua mãe" e despertar para seu próprio desejo, para sua própria fala. Isso não se realizará sem uma certa morte ao conhecido, a esse "ego-pacote de memórias", a fim de renascer para nosso "Eu sou" verdadeiro...

Jesus nunca quis fazer de nós cristãos, mas outros Cristos (o que é muito mais interessante), e aí está um bom critério de discernimento: a pessoa que consideramos nosso mestre espiritual, será que ela quer que a sigamos de maneira cega? Que repitamos sua fala sem mudar nada e que nos conformemos com seus desejos? O que ela quer com seus ensinamentos, após a relativização necessária de nosso ego, será favorecer nossa autonomia? Nutrir nossa inteligência e nossa própria fala? Iluminar nosso desejo, despertar nossa liberdade? Em uma palavra, fazer de nós homens que se colocam em pé, amigos, mais que escravos?

"Já não vos chamo servos, porque o servo não sabe o que seu senhor faz; mas vos chamo amigos, porque tudo o que ouvi de meu Pai vos dei a conhecer" (Jo 15,15).

2. "É PRECISO QUE ELE CRESÇA E QUE EU DIMINUA": JOÃO BATISTA, ARQUÉTIPO DO MESTRE ESPIRITUAL E DO TERAPEUTA AUTÊNTICO

As pessoas me perguntam com freqüência: "O que acontece com esses seres que *a priori* parecem ser não somente sensatos, mas dotados de grandes qualidades e algumas vezes até mesmo de carisma, e acabam se tornando de repente megalomaníacos, tomando-se por Deus, por seu messias, ou por um enviado, cuja doutrina celeste não pode mais estar sujeita a discussões?"

Falam-me então de Luc Jouret, o médico homeopata inspirador da Ordem do Templo Solar; de Gilbert Bourdin, que se tornou o "messias supracósmico" da seita Mandarom etc.

A isso, em um primeiro momento, eu responderia evocando o poder da transferência: quando várias centenas, em seguida vários milhares de pessoas projetam sobre alguém as qualidades de conhecimento, de força ou de compaixão que lhes faltam – o que na terminologia junguiana chamaremos de uma projeção do *self* interior não-integrado sobre um "ego exterior" que simboliza essas qualidades –, essa projeção produz uma energia considerável, e quem a recebe vai ficar doente devido a ela – sendo que a pior doença é acreditar naquilo que essas centenas e milhares de pessoas projetam sobre ele. Nesse momento, acontece o que Jung chama de "processo de inflação". A pessoa sujeita a essas projeções se toma pelo messias, o profeta que os outros esperam; há a identificação com o arquétipo: arquétipo do Homem-Deus ou da Grande Mãe, arquétipo do Buda ou do Cristo.

Nos hospitais psiquiátricos, as três personalidades encontradas com mais freqüência, ao lado de alguns faraós do Egito, são Cristo, Buda e Napoleão (arquétipos do amor, do despertar e da força). No Evangelho, João Batista resiste muito bem a esse tipo de tentação: quando se vai até ele perguntando se não é o Cristo (cf. Jo 1,19-20), ele responde: "Non sum" (Eu não sou). Um outro é "Eu sou". YHWH: "Ego sum"; um outro é a encarnação desse "Eu sou" não-nascido, não-feito, não-criado.

Como é bem colocado no prólogo de são João: "Ele não é a luz, mas a testemunha da luz. O logos é a luz verdadeira que ilumina todo homem" (Jo 1,8-9). O próprio Jesus se apresenta como "Aquele que não fala dele mesmo; Ele é enviado pelo Pai, inteiramente voltado em direção a Ele".

O sinal de um verdadeiro mestre é justamente o fato de ele não se apresentar como mestre, mas como um discípulo, um servo. Ele não autoriza a si próprio. O ego é para o *self*, para sua manifestação, para seu serviço. O ego não se deve fazer "tão grande quanto o *self*", mas por meio de sua transparência e sua abertura permite sua epifania.

A inflação na qual se encontra preso certo número de mestres e gurus pode também ser compreendida pelo poder da transferência das exigências projetadas sobre eles; você não será perdoado se não for aquele ou aquela que queriam que você fosse.

73

Em um nível de intensidade menor, numerosos são aqueles que se deixam prender por seu papel social ou religioso. O juiz que não sabe mais ser pai, o marido que não sabe mais ser amante, o padre que não sabe mais ser homem, a mãe que não sabe mais ser mulher etc. Um pouco de lucidez e de humildade poderia ser a solução, sem dúvida, mas principalmente muita inteligência é necessária!

"Por que os anjos são muito mais humildes que os homens?", perguntou um ancião. "Porque eles são muito mais inteligentes." Compreendemos, então, por que na tradição antiga João Batista era representado com asas; ele é, de fato, o arquétipo do mestre espiritual: humilde porque inteligente, lúcido quanto a seu ser e a seu não-ser e, portanto, capaz da alegria daqueles que sabem que não são "o esposo", mas "os amigos do esposo".

O esposo é o logos; cada mestre espiritual deve conduzir a psique às núpcias com o logos, com a inteligência criadora, mas não se tomar por essa inteligência, nem tomar seu lugar no coração de um ser humano. "Um homem nada pode receber, a não ser que lhe tenha sido dado do céu. Vós mesmos sois testemunhas de que eu disse: 'Não sou eu o Cristo, mas sou enviado adiante dele'. Quem tem a esposa é o esposo; mas o amigo do esposo, que está presente e o ouve, é tomado de alegria à voz do esposo. Essa é a minha alegria e ela é completa!" (Jo 3,27-29).

Essa é a alegria de um mestre espiritual autêntico ou simplesmente de um terapeuta, de um pai ou de uma mãe de família. Ver o outro crescer e se esquecer dele sem ingratidão; esse outro não se lembrará de mais nada que lhe deve, simplesmente porque terá se tornado ele mesmo, e aquilo que você lhe deu se tornou sua própria substância, sua própria maneira de agir. Aquilo que você fez ele também pode fazer, e até melhor, e aí está sua alegria. "É necessário que ele cresça e que eu diminua" (Jo 3,30).

É preciso que o *self* cresça nele e que ele pare de projetá-lo sobre "mim". Essa é a própria condição de sua autonomia e de sua independência. Seria necessário repetir que um verdadeiro mestre não precisa de discípulos, ele existe muito bem sem eles; sua alegria é que você se torne o que ele é, aí onde ele está.

"Aí onde eu estou, quero que vós estejais também", dizia o Cristo (Jo 14,3 e segs.).

De maneira mais prosaica, Graf Dürckheim comparava o mestre espiritual a uma bomba de gasolina: "Você vai até ela para recarregar o combustível. Uma vez 'completo', não é para que fique circulando ao redor da bomba, mas para que continue seu próprio caminho!"

3. AUTENTICIDADE E INFLAÇÃO: O EXEMPLO DE PEDRO COMO PROFETA, DELIRANTE E DEMÔNIO

Mas como explicar ainda que um mestre autêntico, que realmente tenha ajudado a nos colocar a caminho, possa em outro momento se enganar, levando-nos à hesitação de seu próprio psiquismo e até, algumas vezes, tornando-se um obstáculo no caminho que ele havia aberto para nós? O exemplo do apóstolo Pedro pode nos ser útil com relação a isso. De início, o Evangelho o apresenta como um autêntico médium, profeta, capaz de reconhecer a presença do logos neste homem, Jesus, que caminha a seu lado: "Então, perguntou-lhes: 'E vós, quem dizeis que eu sou?' Simão Pedro, respondendo, disse: 'Tu és o Cristo, o Filho do Deus vivo'. Jesus respondeu-lhe: 'Bem-aventurado és tu, Simão, filho de Jonas, porque não foi carne ou sangue que te revelou isso, e sim meu Pai, que está nos céus'" (Mt 16,15-17). Assim, o próprio Jesus reconhece a fonte da inspiração de Pedro, sem deixar espaço para qualquer inflação, pois deixa bem claro que essa inspiração não lhe vem "da carne ou do sangue".

Entretanto, Pedro sucumbirá pouco tempo depois a essa inflação, acreditando-se inspirado o tempo todo; então Jesus lhe dirá que sua inspiração não vem do pai, tampouco da carne ou do sangue, mas do próprio Satanás, com quem ele o identifica:

A partir dessa época, Jesus começou a mostrar aos seus discípulos que era necessário que ele fosse a Jerusalém e sofresse muito da parte dos anciãos, dos chefes dos sacerdotes e dos escribas, e que fosse morto e ao terceiro dia ressuscitasse. Pedro, tomando-o à parte, começou a repreendê-lo, dizendo: "Deus não o permita, Senhor! Isso jamais te acontecerá!" Ele, porém, voltando-se para Pedro, disse: "Afasta-te de mim, Satanás! Tu me serves de pedra de tropeço, porque não pensas as coisas de Deus, mas as dos homens!" (Mt 16,21-23).

Assim, a mesma pessoa que, para nós, pode ser um médium, um revelador do caminho, pode também ser um obstáculo, um *Shatan* que nos impede de ir adiante. Daí a importância de permanecer em vigilância. Uma pessoa inspirada em certos momentos pode não o ser sempre... Em outros momentos, ela pode simplesmente delirar, que é o que igualmente se diz a respeito de Pedro no relato da transfiguração: "E quando estes iam se afastando, disse Pedro a Jesus: 'Mestre, é bom estarmos aqui; façamos, pois, três tendas, uma para ti, outra para Moisés e outra para Elias', mas sem saber o que dizia" (Lc 9,33).

Assim, o Evangelho nos previne: aquele mesmo que Jesus reconheceu como inspirado pelo pai pode algumas vezes ser um *Shatan*, ou, simplesmente, *não saber o que diz.*

Esse aviso nos lembra mais uma vez que não devemos depositar nossa confiança total em nenhum mestre humano; este, em certos momentos, pode ser de fato divino ou de fato demoníaco, bem como simplesmente humano. Nenhum poder carismático ou institucional pode nos dispensar desse dever de dignidade vigilante e livre. Em seguida aos evangelhos, os padres do deserto lembrarão a seus discípulos de exercer o discernimento quanto à origem de uma palavra: Será que ela vem de Deus, do *diabolos* ("o divisor, o obstáculo") ou simplesmente de nossa inteligência humana (consciente ou inconsciente)? Em seguida, será necessário interrogar-se sobre os frutos de tal palavra. Será que ela produz naquele que a pronuncia e naqueles que a escutam a inflação, a inquietude, a presunção e certa exaltação? Ou, ao contrário, a humildade, o amor e a paz?

Diante das inspirações e dos atos que nos tornam mais humildes, mais serenos e mais amorosos, não há nada a temer: "Mas o fruto do Espírito é amor, alegria, paz, longanimidade, benignidade, bondade, fidelidade, mansidão, autodomínio; contra estas coisas não existe lei" (Gl 5,22-23).

4. "TUA FÉ TE SALVOU": NÃO É O MESTRE QUE CURA

É impressionante ver operar-se em torno de Jesus certo número de prodígios; e, se as pessoas o seguem, não é pela pureza e densidade de seu ensinamento, mas pelos milagres, curas ou outras manifestações maravilhosas.

O que, ainda hoje, atrai certo número de pessoas em torno de um mestre não é a autenticidade de sua vida, mas um suposto "saber" ou um suposto "poder" que nos poderia aliviar, curar, ou ainda algo que ele poderia eventualmente nos transmitir para que nos tornássemos curandeiros, ou famosos, ou espiritualizados e, com isso, pudéssemos ganhar algum dinheiro.

Jesus não aprecia esse poder taumaturgo que lhe é atribuído, e ele tem a grande arte de devolver cada um a si mesmo, livrando-o de uma possível dependência com relação a ele. "Eis que certa mulher, que sofria de hemorragia fazia doze anos, aproximou-se dele por trás e tocou-lhe a orla do manto, pois dizia consigo: 'Será bastante que eu lhe toque o manto e ficarei curada'. Jesus, voltando-se e vendo-a, disse-lhe: 'Tem ânimo, filha, tua fé te salvou'. Desde aquele momento, a mulher foi salva" (Mt 9,20-22). "Tua fé te salvou" ou "tua fé te curou" – em grego é a mesma palavra que indica a salvação e a saúde: *soteria*.

Portanto, Jesus lembra a essa mulher que foi a fé dela que a curou, que ela fez uso dele para se salvar; em outras palavras, ela pôde utilizar de maneira inconsciente a força da transferência sobre ele para obter sua cura. Jesus aceita essa transferência, essa fé que é colocada nele, mas não a utiliza para tornar os outros dependentes dele, para fazer deles discípulos ou seguidores. Ele os restitui a eles mesmos, ao poder de seu próprio desejo. Isso é ainda mais explícito com relação à cura da filha da mulher da Cananéia. "'Mulher, grande é tua fé! Seja feito como queres!' E a partir daquele momento sua filha ficou curada" (Mt 15,28). É como se Jesus se mostrasse não como o mestre do desejo, mas como seu servo. Ele está aí para que através dele se realize esse desejo de cura, essa salvação que habita todo homem.

Haveria numerosos exemplos para serem citados. "Seja feito segundo a vossa fé" (Mt 9,29), diz ele ainda aos dois cegos de nascença; e, curiosamente, nos diz o Evangelho: "E seus olhos se abriram. Jesus, porém, os admoestou com energia: 'Cuidado, para que ninguém o saiba'" (Mt 9,30). Como se ele temesse que lhe fosse atribuído o poder de cura e que, novamente, viessem "seguidores", em uma atitude de dependência e de transferência não-resolvida.

Eis aí para nós um bom critério de discernimento quanto à autenticidade de certos mestres: Será que eles fazem uso de seus saberes, poderes ou carisma para nos tornar dependentes deles, ou será que fazem disso uma ocasião para que possamos descobrir o poder do desejo e da fé que nos habitam, e nos recolocar no caminho, livres e independentes com relação a eles?

"Tua fé te salvou" ou "Tua fé te curou" é geralmente precedido ou seguido pela palavra "Vai". "Tua fé te salvou; vai em paz" (Lc 7,50). Com relação a isso, perguntaram a um ancião: "O que é o tao?"[3] Ele respondeu: "Vá!"

5. O DIREITO AO ERRO, SEGUNDO TOMÁS DE AQUINO

Um dos discípulos de Tomás de Aquino, grande doutor da Igreja católica romana, perguntou um dia: "Mestre, se o papa pedir que eu faça algo, e minha consciência me disser para fazer outra coisa! O que devo fazer, a quem devo obedecer?"

A cada um seu papa, seu mestre, seu guru, a pessoa de referência, ilustre ou desconhecida, que para nós representa a autoridade autorizada, se não esclarecida; para alguns não é uma pessoa, mas um livro, uma doutrina, uma Bíblia, um Alcorão. Se o livro sagrado me diz para fazer alguma coisa e minha consciência não só resmunga, mas com sinceridade me indica que devo fazer outra coisa? A quem devo dar minha confiança e meu consentimento?

Qual foi a resposta de Tomás de Aquino, grande mestre em teologia e discípulo fiel da sé romana? "Escuta a voz da tua consciência, buscando esclarecê-la." Podemos admirar a sabedoria e o bom senso dessa resposta, que poderá nos ajudar quando nos encontrarmos no mesmo tipo de interrogação, algumas vezes dolorosa.

"Escuta a voz da tua consciência." Se ele tivesse dito: "Escuta a voz da autoridade, a voz do papa, contra a tua consciência", de um ponto de vista psicológico só teria acrescentado perturbação para essa pessoa, tornando-a mais esquizofrênica, ou, de um ponto de vista moral, mais hipócrita. Essa é a situação de muitos cristãos ou de supostos discípulos de hoje, que obedecem a ordens e a instruções sem verdadeiramente aprová-las com a inteligência e com o coração.

Mas Tomás de Aquino continua: "buscando esclarecê-la". Escutar a voz de sua consciência não é suficiente; ela não está jamais totalmente purificada e pode ser o local de todo tipo de ilusões ou de fantasias... Ela precisa ser, o tempo todo, esclarecida, iluminada pela análise, pela reflexão própria ou pela tradição dos antigos. Uma vez esclarecida, podemos talvez dar nosso acordo ou nosso consentimento à palavra da autoridade, uma vez que o coração e a inteligência tenham reconhecido a parte de verdade que ela veicula.

Assim, com discernimento, Tomás de Aquino não propõe nem a obediência cega a uma ordem estabelecida, ou a demissão diante de uma autoridade todo-poderosa e respeitada, nem a fantasia, quando se trataria de seguir o próprio e pequeno ponto de vista, a própria inspiração ou, até mesmo, a própria revelação, sem antes buscar experimentá-la, esclarecê-la.

Em resumo, podemos dizer que, se essa resposta de Tomás de Aquino nos dá o direito de nos enganarmos, não nos dá o direito de mentir para nós mesmos. Podemos sempre nos enganar, e o próprio papa, ou nosso guru, ou a autoridade de referência como o apóstolo Pedro podem sempre estar equivocados. Até a morte, não cessaremos de cometer erros. Graças a eles, aliás, se soubermos reconhecê-los, aproximar-nos-emos da verdade.

Mas podemos também escolher não mentir para nós mesmos, não ir contra nossa consciência, sem vaidade nem pretensão de "sermos detentores da verdade", mas buscando com paciência descobri-la por meio das ambigüidades de nossa condição humana.

Você tem direito de errar, mas, em todo caso, pode sempre voltar atrás. Você tem até mesmo direito de mentir (há, algumas vezes, mentiras ligadas a nossos medos e a nosso inconsciente); mesmo que isso seja mais grave, você pode sempre se arrepender. Mas, diante de uma escolha, de uma decisão, qualquer que seja ela, nenhuma autoridade pode acreditar, amar e ser livre em nosso lugar.

Chega um momento em nossa vida no qual, se ainda podemos nos enganar, não podemos mais mentir para nós mesmos. Isso exige coragem, pois nem sempre essa postura é compreendida por aqueles à nossa volta; ela pode até mesmo ser condenada pela autoridade ou pela doutrina que transgredimos.

Mas, se formos contra nossa consciência e contra aquilo que de maneira imperfeita temos como verdadeiro, ficaremos doentes, entraremos em um estado de mal-estar que não está distante daquilo que na psicologia clínica é chamado de depressão.

Tomás de Aquino não nos encoraja ao erro, mas ao discernimento, à verificação interior quanto à nossa liberdade, quando se trata de aderir a um ensinamento ou a uma doutrina. Aceitar que nos enganamos, aceitar mentir cada vez menos para nós mesmos – que belo caminho de vida! Passar da verdade ou das verdades que temos à verdade que somos.

Apêndice

"DISPUTA" COM OS DISCÍPULOS DE MOON

Este testemunho teve como objetivo ser um documento sobre o qual pudessem refletir todos os que se interessassem sobre o fenômeno das seitas nos dias de hoje, mas também para a reflexão dos membros da Associação para a Unificação do Cristianismo Mundial (AUCM, fundada por Moon) e de seus parentes.

Ao redigi-lo, esforcei-me para permanecer fiel a dois princípios divinos, o da verdade e o do amor, lembrando-me destas linhas de Bonhoeffer:*

> Não pode haver profissão de fé sem que digamos: à luz do Cristo, isto é verdadeiro e aquilo é falso. O conceito de heresia emerge da fraternidade da Igreja e não de uma falta de amor. Um homem age fraternalmente com relação a outro se não lhe esconde a verdade. Se eu não digo a verdade, trato-o como pagão, e se eu digo a verdade a qualquer um que tenha outra opinião, mostro-lhe o amor que lhe devo.

A atmosfera da sessão

Uma associação de pais conseguiu escrever a respeito da seita AUCM, para a qual seus filhos haviam sido atraídos:

---

* Dietrich Bonhoeffer (1906-1945), teólogo luterano alemão morto pelo nazismo. (N. do E.)

Existe indiscutivelmente uma discordância total entre a rapidez da conversão e o fanatismo dos adeptos, de um lado, e a inconsistência com relação a todos os pontos de vista (doutrinais, filosóficos e de lógica pura) do pensamento de Moon, de outro lado. Os fatos nos conduzem, portanto, a afirmar que os jovens sofrem um condicionamento psicológico (do tipo lavagem cerebral, bem codificado desde a Segunda Guerra Mundial) que os torna insensíveis a toda crítica e inaptos a toda autocrítica. Tratando-se com freqüência de estudantes ou de executivos, seria falso ver nisso simples ingenuidade ou inexperiência.

Foi após ter lido esse comunicado e o de numerosos outros jornais que cheguei à AUCM de Vaucresson para três dias de "seminário", que foram assim apresentados:

Queremos fazer destes três dias o mais maravilhoso seminário de sua vida por intermédio de uma descoberta espiritual, uma pesquisa intelectual e uma expressão criativa: tudo isso em um ambiente agradável, com pessoas formidáveis. Este fim de semana está centrado nos princípios da Unificação na teoria e na prática. O programa é realizado para que aqueles que nele tomam parte experimentem o que lhes é ensinado...
Os homens são infelizes porque são egoístas; busquem antes dar que receber; experimentem isso e vocês conhecerão a felicidade. Não fiquem centrados em si mesmos, em suas pequenas preocupações e inquietudes, mas permaneçam centrados em Deus e nos outros: assim experimentarão a Paz.

É verdade: experimentamos algo que se parece com a paz naquela casa ampla, clara e bem cuidada. Em determinado momento, pergunto-me se o condicionamento psicológico do qual falam os jornais não seria simplesmente o condicionamento próprio a todo grupo que compartilha um mesmo ideal ou a todo grupo que vive desses "frutos do Espírito" dos quais fala são Paulo (cf. I Cor 13,1; Gl 5,22), e contra tais coisas não há lei.

O que podemos repreender a essas pessoas que pregam o amor dos inimigos e que parecem compartilhar uma tão alegre harmonia? Além disso, disseram-me: "Você é livre para dizer e fazer tudo que quiser e para partir quando quiser etc., mas..." Ainda assim há um "mas"...

> Não podemos compreender nada sem uma certa atitude de simpatia; se vocês vieram aqui apesar dos jornais, é porque estão buscando a verdade; se vocês escutarem, se forem sinceros, verão, após estes três dias, que compreenderão: orem ao Pai para que Ele lhes mostre qual é a Sua vontade; abram o coração e não somente a inteligência, e vocês entrarão na luz dos princípios; se não compreenderem, orem e Deus os iluminará; então, vocês podem pedir conselho à "nossa mãezinha" durante o fim de semana (Maria Cristina, jovem de cerca de 25 anos, estudante de medicina, que deixou tudo – estudos, família etc. – para entrar para a AUCM).

Para alguns, é suficiente ver esse grupo de jovens limpos, educados, calmos, sorridentes, tentando agradar de qualquer maneira, passando geléia e queijo branco nas torradas para você no café-da-manhã e orando ao pai que se realize sua vontade em você e no mundo; é suficiente cantar com eles cânticos em todas as línguas (coreano, alemão, inglês, francês) e de quase todas as igrejas, para não mais duvidar sobre estarem aqui, na AUCM de Vaucresson, às portas do reino.[1]

Assim, após a atmosfera ter sido criada (cânticos, sorrisos, piscadelas, atenções), trata-se agora de se deixar instruir: de três a quatro horas pela manhã, quatro horas à tarde, não há tempo a perder. Já nos avisam que veremos somente uma pequena parte dos ensinamentos dos princípios divinos e que seria necessário ficar muito mais tempo para compreender.[2]

Sábado	10h–13h15	Princípio da criação
	15h–19h	A queda do homem – objetivo da vinda do messias

Domingo	9h	Mensagem
	10h–13h	Introdução à história
	15h–19h	Os paralelos da história e os últimos dias
Segunda-feira	9h–11h	Os últimos anos
	11h–13h	Conclusões dos princípios divinos
	14h–18h	Discussão sobre as atividades da AUCM

O ensinamento dos "princípios divinos"

De maneira muito breve, relatarei aquilo de que me lembro dos ensinamentos recebidos em Vaucresson. Ou seja, as páginas que se seguem são somente um eco das múltiplas discussões que aconteceram durante esses três dias: o intuito é dar uma idéia sobre o ambiente psicológico no qual vivem os membros da AUCM, mais do que descrever o pensamento do movimento, o que exigiria uma análise mais rigorosa.

Primeira lição: trata-se de provar que Deus existe. "O que há de invisível desde a criação do mundo se deixa ver à inteligência por meio de suas obras", diz são Paulo; portanto, convém retornar à causa a partir dos efeitos. Se para são Tomás não há nada nos efeitos que não esteja na causa, para Moon nada há na causa que não esteja nos efeitos: as características que encontramos na criação (interior e exterior, alto e baixo, frente e trás, macho e fêmea etc.) devem ser encontradas em Deus.

Já podemos nos perguntar se é o homem que é à imagem de Deus ou se é Deus que é à imagem do homem:

> Todas as coisas da criação existem somente na relação recíproca entre as características duais de positividade e negatividade.
> Portanto, disso concluímos, naturalmente, que Deus, a causa primeira de toda a criação, existe também em razão da relação recíproca entre as características duais de positividade e negatividade (*Os princípios*, p. 32).[3]

O Universo criado tendo Deus como centro é semelhante ao homem criado tendo seu espírito como centro. O Universo é um corpo orgânico perfeito, criado em total conformidade com o objetivo de Deus para a criação. Por essa razão, o Universo, enquanto corpo organizado, possui seu caráter interior, e o Universo físico, a forma exterior. É por isso que Deus diz que o homem, centro do Universo, foi criado conforme sua própria imagem.
Antes de criar o Universo, Deus existia enquanto sujeito masculino interior, e ele criou o Universo conforme seu objeto feminino exterior. Lemos em I Coríntios 11,7 que "o homem é a imagem e o reflexo de Deus", o que confirma essa teoria. Uma vez que Deus é o sujeito masculino do caráter interior, nós o chamamos de Nosso Pai, colocando ênfase sobre sua natureza masculina (*Os princípios*, p. 33).

Encontramos aí o estilo próprio às diferentes sofísticas: afirmações claras que se encadeiam logicamente, como se fossem a verdade. Aliás, essa lógica é exclusivamente formal. De fato, expressões como "disso concluímos naturalmente", "por essa razão", "é por isso que", "uma vez que" substituem a demonstração: jamais é dito sobre o que se fundamentam as afirmações, nem como ou em virtude do que elas se encadeiam.

Como apresento algumas dúvidas sobre a honestidade intelectual desses "princípios divinos", sou visto como um infeliz – não ouso dizer como um imbecil – cujo espírito limitado não consegue captar a profundidade de tais afirmações.

"Não desanime, você compreenderá amanhã. Quando tiver compreendido, você rirá de suas dúvidas." Em seguida, não me dizem diretamente, mas me fazem compreender: se há ainda dúvida em mim, é porque ainda não me libertei totalmente de Satanás, é porque sou ainda um "homem decaído", ainda estou sob a influência do príncipe deste mundo, o "divisor", aquele que se opõe. Ore ao pai e ele o libertará de Satanás e de suas dúvidas e o conduzirá à verdade completa.

A verdade completa me é agora separada em pedaços, basta estar atento e olhar para o quadro onde Jean, o instrutor, usando um esquema de cada vez, mostra e demonstra para mim que nem Deus nem o homem são um mistério.

Vem então a grande questão: Por que Deus criou o homem e o universo?

> Cada vez que Deus criou um novo elemento na criação, Ele viu que isso era bom (Gn 1,4-31).
> Isso mostra que Deus queria que toda a sua criação fosse feita de objetos magníficos. De fato, Ele queria sentir felicidade cada vez que olhasse para sua criação. Deus criou Adão e Eva, Ele lhes deu três grandes bênçãos: ser fecundos, multiplicar e encher a terra, submetê-la e dominá-la (Gn 1,28).
> Se o homem tivesse se conformado com essas palavras de bênçãos, tornando-se feliz no Reino celeste de Deus, Deus também teria experimentado uma grande felicidade... No início o homem foi criado para viver no Reino dos céus sobre a terra (*Os princípios*, p. 49).

Adão e Eva deveriam se tornar um casal perfeito e a primeira família centrada em Deus; dessa família nasceria uma nação, e em seguida um mundo centrado em Deus, onde somente ele teria reinado.

Tal é o "ideal de Deus": a santa família, o casal perfeito que gera filhos perfeitos em um mundo de unidade, harmonia, alegria e paz – pelo menos esse é o ideal de Moon! E basta comparar esse ideal com o mundo como ele é para sentir uma inefável nostalgia e se perguntar: "Por que este mundo e não o reino? Por que o mal, de onde vem o mal? O que desviou o homem da vontade de Deus?" Não há questão sem resposta. *Os princípios* devem explicar tudo:

> O homem está inclinado a afastar o mal e buscar o bem. Mas, inconscientemente impulsionado por uma força do mal, ele rejeita o bem que sua alma original deseja e se presta a atos maus que não deseja realmente

fazer. No cristianismo, essa força do mal é conhecida sob o nome de Satanás. Porque o homem ignora a natureza real e a origem de Satanás, ele foi incapaz de se livrar da força de Satanás. Para desenraizar a fonte do mal, colocar um fim na história do pecado da humanidade e estabelecer uma era de bem, devemos, antes de mais nada, fazer aparecer de maneira clara as motivações de Satanás, bem como a natureza desse ser. Com esse objetivo, devemos estudar a "queda do homem" (*Os princípios*, p. 75).

De fato, é a queda que explica de onde vem o mal e o triste estado no qual nos encontramos. Satanás sofria por não receber tanto amor de Deus quanto Adão e Eva; ele teve relações sexuais com Eva, sem dúvida para se consolar. Então, Eva ficou sob seu domínio; em vez de estar centrada em Deus, ela se voltou para Adão e o seduziu, assim como ela própria fora seduzida.

Ela gera um mundo de pecado ao dar nascimento a uma linhagem do mal, através de seu sangue e de sua carne decaídos, provinda do fruto do mal que ela comeu em seu amor, centrado em Satanás (*Os princípios*, p. 84).

Devido à queda, o homem não pôde se tornar o templo de Deus; em vez disso, tornou-se a morada de Satanás, fazendo um só corpo com ele. Naturalmente, o homem veio a ter uma natureza do mal em lugar da divindade. Assim, em conseqüência disso aconteceu que os homens, tendo uma natureza do mal, estabeleceram lares, sociedades, um mundo ligado ao mal. É o inferno sobre a terra onde viveram os homens decaídos. Os homens no inferno não foram capazes de estabelecer boas relações horizontais entre eles, porque sua relação vertical com Deus estava rompida. Em conseqüência, eles se permitiram atos que prejudicavam os próximos, porque eram incapazes de experimentar as dores e as dificuldades de seus próximos como as suas próprias (*Os princípios*, p. 115).

À minha questão: Em que vocês se fundamentam para afirmar tudo isso, sendo que o texto do Gênesis, tão difícil, vem sendo interpretado das maneiras mais diversas durante eras?, eles respondem: "As Escrituras sozinhas não são suficientes, nem a Tradição; é preciso que o próprio Deus dê a interpretação de Sua Palavra, é preciso que Ele fale pela boca de um santo ou de um profeta, é preciso uma nova Revelação, após tantos séculos de deformação da Palavra".

Todo mundo tem a impressão de que "a boca de Deus", que deve revelar seus segredos, não passa da boca de Moon, mas isso ainda não nos é dito. A cada questão que eu colocava, respondiam-me: "Espere! Você compreenderá amanhã, quando tiver estudado mais profundamente. Ore..." Assim, não se trata de escutar a Bíblia e o Evangelho, e a partir dos textos retirar um sentido. Não se trata de escutar o que Deus nos diz por meio da história de seu povo, das próprias falas de seu filho e do testemunho daqueles que viram sua ressurreição; trata-se de uma revelação própria ao reverendo Moon, revelação que ele tenta justificar com a ajuda das Escrituras, fazendo uso da palavra de verdade em lugar de servi-la.

A interpretação que ele dá é clara, afirmativa; não há mais mistério (e, portanto, tampouco necessidade de fé); é suficiente ter lógica. É preciso fazer a experiência dessa verdade, ou seja, não mais viver para si mesmo, viver centrado em Deus, na renúncia e no serviço dos outros.

O que deve ser questionado nessa seita não é a sinceridade da vida de seus membros, mas o fim para o qual podem ser utilizadas essa sinceridade e a força viva de cada um deles. Ninguém pode negar que vivem uma vida virtuosa – eles se abandonam à providência e só pensam em realizar a vontade de Deus, fazendo advir seu reino sobre a terra. Todas as críticas dos parentes, da imprensa só os estimulam e os encorajam em seu caminho.

Não se pode ser cristão sem sofrer perseguições. Críticas, calúnias são todas sinais de que estamos na verdade. Olhem para os primeiros cristãos, os apóstolos, os santos, os mártires e o próprio Cristo, tudo que ele teve que sofrer por parte dos sacerdotes e dos hipócritas. A Verdade será sempre combatida, os homens preferem as trevas à luz, mas nós, nós somos vencedores do Satanás. Uma vez que Eva pecou ao se unir a Satanás, toda a humanidade se encontra, a partir de então, na linhagem de Satanás. Mas Deus vai enviar Jesus para restaurar a humanidade e realizar com ele o que não pôde realizar com o primeiro Adão. Mas o segundo Adão (Jesus), assim como o primeiro, vai fracassar na missão que lhe foi confiada, não devido a uma falta sua, mas devido à incredulidade e ao endurecimento dos judeus.

Jesus deveria ter sido aceito por eles e ter-se tornado o rei de Israel. Uma nação invencível teria sido constituída, em que a soberania de Deus teria se tornado uma realidade. Ela teria, aos poucos, submetido o mundo inteiro.

O que restou da encarnação e da redenção em tudo isso? Jesus não é o filho de Deus feito carne, ele é "um homem que exprime 100% de amor" e que quer nos conduzir não a participar da própria vida de Deus, mas a viver em não sei que paraíso terrestre. Se *Os princípios* de Moon têm relação com a Bíblia, então o que fazemos das palavras de são João: "Pois Deus amou tanto o mundo que entregou o seu Filho único, para que todo aquele que nele crê não pereça, mas tenha a vida eterna" (Jo 3,16)?

Deus se fez homem para nos reconciliar com ele e partilhar conosco sua vida divina. "Deus se fez homem para que o homem se tornasse Deus", dizem os padres da Igreja; mas os motivos da encarnação para Moon são totalmente diferentes. "O ideal de Deus não é de maneira alguma elevar os homens à vida divina e restaurá-los em sua capacidade de amizade com ele; 'o ideal de Deus' é que o homem domine sobre a terra."

Uma nova questão nos é então colocada: Seria de fato a vontade de Deus – ele que é bom e tem um ideal de alegria e harmonia sobre a terra – ver sofrer assim o Cristo? Sendo a questão colocada dessa maneira, só se pode responder que não. Então por que a cruz?, perguntam eles.

> A crucificação não era de maneira alguma a missão original do Filho de Deus, mas representa uma mudança no curso previsto... Jesus não poderia continuar sua missão primitiva, o estabelecimento do Reino sobre a terra, porque ela exigia a cooperação do povo. Nesse momento avançado de seu ministério, Deus só pede então que seja cumprido o objetivo limitado da salvação espiritual (*Os princípios*, cap. IV).

Assim a cruz não está de maneira alguma nos desígnios de Deus, ela só se deve ao endurecimento dos judeus: é um sinal de fracasso – o tom afirmativo do instrutor me desconcerta. Respondo com as próprias palavras de são Paulo: "Eu não quero saber de outra coisa que não seja Jesus Cristo crucificado [...], morto por nossos pecados, ressuscitado para nossa vida [...]: escândalo para os judeus! Loucura para os pagãos, mas sabedoria para aqueles que crêem, pois a loucura de Deus é mais sábia que a sabedoria dos homens" (1 Cor 2,2; Rm 4,25; I Cor 1,23-25).

Não separe a cruz da ressurreição: a cruz não é sinal de fracasso, mas é sinal de vitória, vitória do amor infinito de Deus sobre o pecado, sobre o mal e sobre a morte, por nós, homens, e por nossa salvação. A cruz é gloriosa. Nela estão escondidos os tesouros da sabedoria e da ciência: ela é revelação do próprio coração de Deus, revelação do amor que ama até o fim e que perdoa, revelação também da liberdade do homem capaz de recusar a misericórdia até o fim.

A isso me respondem, de maneira afetada: "Você nunca se perguntou o que teria acontecido se os judeus tivessem acolhido o Cristo e sua mensagem?" Cito-lhes as próprias palavras do Cristo aos discípulos no caminho de Emaús: "'Insensatos e lentos de coração para crerdes tudo o que os profetas anunciaram! Não era preciso que o Cristo sofresse tudo isso e entrasse em sua glória?' E, começando por Moisés e percorrendo todos os profetas, interpretou-lhes em todas as Escrituras o que a ele dizia respeito" (Lc 24,25-27).

Mas Moon interpreta as Escrituras de outra maneira, e aí está o problema! Por exemplo, com relação a João Batista:

> Aprendemos através de nosso estudo da Bíblia que a ignorância e a incredulidade de João Batista geraram a incredulidade dos judeus, o que finalmente obrigou Jesus a tomar o caminho da crucificação. Desde os tempos de Jesus até agora, ninguém foi capaz de revelar esse segredo celeste.
> Todo cristão que, por comunicação espiritual, pode ver diretamente João Batista no mundo espiritual também será capaz de compreender a autenticidade de todas essas coisas (*Os princípios*, p. 177).

A lição continua: "Se os judeus não estivessem endurecidos, o Cristo teria se casado, teria tido filhos e teria assim realizado o ideal de Deus sobre a terra". Eu me pergunto por que o Cristo teria esperado tanto tempo para se casar, se essa fosse sua vontade: no Oriente eles não se casavam muito jovens? Mas é suficiente dar uma olhada na fotografia colocada sobre a lareira, do reverendo Moon, sua esposa e seus filhos: o que o Cristo não conseguiu, Moon realizou e conseguiu, mas... ninguém jamais fala dele!

Entretanto, permanece o desejo de saber quem realizará o "ideal de Deus", quem, após o Cristo, cumprirá as Escrituras, quem enfim restabelecerá o reino de Deus sobre a terra. Ou, dito de outra maneira, quem é o messias? Onde? Quando? Como? Ele retornará? Essas questões estão a partir de então inscritas no mais profundo dos ouvintes, e será suficiente ao nosso instrutor mostrar, com a ajuda de paralelos históricos, em que tempo estamos – nos últimos tempos, é claro! –, para nos fazer descobrir que "o messias já está aí!". "Orem", eles repetem, "aprofundem-se nos *Princípios*, vocês o reconhecerão!"

O imperador Guilherme II, personagem semelhante a Adão em seu lado satânico, perece com a derrota da Alemanha na Primeira Guerra Mundial, e Stálin, personagem que representa o Senhor do Segundo

Advento em seu lado satânico, cria o mundo comunista; isso anunciava que o Cristo voltaria e restauraria o mundo por meio da indenização dos princípios de coexistência, de co-prosperidade e de causa comum. Podemos assim compreender que o período do Segundo Advento começou logo após a Primeira Guerra Mundial (*Os princípios*, p. 519).

Nós podemos também não compreender... mas é certo: "Um anjo virá do Sol Nascente" – o Sol Nascente é a Coréia; o messias é S. M. Moon!*

Durante três dias os espíritos e os corações foram preparados, e bem preparados, para receber essa incrível, essa inacreditável boa-nova! Basta dar seu consentimento e ficar por mais sete dias em Vaucresson para aprofundar a verdade dos princípios.

Certo número de problemas se coloca a partir de então a cada um dos ouvintes, uma espécie de angústia metafísica e religiosa se opera no interior deles. Por que sou mau? O que vai me libertar do Satanás? O que Deus espera de mim? Será que vou resistir ao messias?

Todas essas questões, que são próprias do homem, tais como ressurgem aqui, só encontram resposta nos princípios de Moon. "A igreja não respondeu a todos esses problemas, nem os políticos, nem os sábios... Ore e leia *Os princípios divinos*, e você verá."

"Eu era como você. Depois orei, jejuei, estudei, não conseguia mais dormir, pedi a Deus um sinal: eu o recebi, e entrei na 'família'. Você está no caminho, nós rezamos por você..." – esses são os testemunhos de antigos seminaristas, estudantes e militantes do sexo masculino e feminino.

O diálogo impossível

Como é o dia da festa de são Pedro e são Paulo, os fundamentos da igreja de Roma, eu lhes digo: finalmente, trata-se de saber em quem

---

* Sun Myung Moon, nome completo de Moon. (N. da T.)

colocamos nossa confiança. Coloco minha confiança em Deus, em seu filho único, Jesus Cristo, "vindo ao mundo para salvar os pecadores, dos quais sou o primeiro". Coloco minha confiança em suas palavras e na comunidade à qual ele confiou suas palavras para que elas não estivessem à mercê da fantasia de todo tipo de intérpretes... "que nenhuma profecia da Escritura resulta de interpretação particular", diz são Pedro (II Pd 1,20). Quero estar em comunhão com a fé de Pedro e dos apóstolos e viver nessas comunidades onde o Cristo prometeu permanecer até o fim do mundo.

Minha fé não se baseia nem em minha experiência pessoal, nem em um testemunho interior, nem na experiência de um homem, por mais santo e sábio que ele seja, nem em uma revelação que ele tenha recebido de Deus. Desde o início do cristianismo, muitos se disseram também enviados de Deus! O ponto de referência objetivo com base no qual podemos julgar a verdade ou o erro de sua doutrina é a fé recebida dos apóstolos e transmitida até nossos dias na igreja, sem interrupção.

Vocês colocam sua fé nos princípios divinos de Moon e sua confiança nele. Essa é sua liberdade! Saibam, em todo caso, que isso não permanece menos incoerente do ponto de vista da razão, herético do ponto de vista da fé. E o que vocês não percebem é que podem estar sendo objeto de manipulação psicológica.[4]

Pois qual é a finalidade de tudo isso? Onde Moon quer nos levar? Essa docilidade que é desenvolvida em vocês pode ser utilizada para todos os tipos de fim. Vocês poderão se tornar os soldadinhos de um doente que exercerá através de vocês sua vontade de poder e que parece pronto a desencadear uma Terceira Guerra Mundial.[5]

Vocês só falam de amor, de humildade, de vontade de Deus, e estão aí os despojos do Cordeiro, mas há algo no olhar de vocês que não se parece com ele. De onde vêm em vocês essa vontade de persuadir, de ter razão a qualquer preço, essa preocupação com a eficácia e, finalmente, esse pouco amor pela verdade por ela mesma, esse pouco amor pelas pessoas por elas mesmas, não somente por sua utilidade ou sua adesão?... (Grandes sorrisos...) "Você pode acreditar", respondem eles, imperturbáveis, "no que quiser; se isso que dissemos vier dos homens, passará, se vier de Deus, nada poderá nos afetar..."

O que mais me incomoda é que todos parecem incapazes de duvidar que aquilo venha de Deus: "É bom que você lute, eu era como você antes. Mas releia a Bíblia!" No final da sessão, um dos membros vem me agradecer, porque minhas objeções ajudaram-no a aprofundar a verdade dos princípios de Moon.

Apesar de tudo, continuo interrogando: E o dinheiro do reverendo Moon, de onde vem? Da CIA? Do seu trabalho de mercenários? Eles riem na minha cara:

> Nós também lemos os jornais! O dinheiro, não há suficiente; com tudo que Moon quer fazer: construir escolas, hospitais; vocês percebem, reformar a sociedade! Pelo menos uma vez os filhos da luz devem se mostrar tão hábeis quanto os filhos das trevas! Mas fique tranqüilo, nós trabalhamos e ganhamos a vida como todo mundo. Assim como os primeiros cristãos, colocamos tudo em comum, e é daí que vem nossa riqueza.

Como estou cansado de discutir, vou lavar a louça, mas aí também a discussão continua. Perguntam se eu entendi bem, se consegui assimilar bem. Impossível ficar calado, então eu canto. Não sei por que, talvez porque sejam 20h45, hora das completas no convento, eu canto o *salve regina*. Então uma jovem vietnamita se aproxima de mim:

— Por favor, não cante isso.
— Mas por quê?
— Porque no Vietnã eu ia ao convento das beneditinas e elas cantavam coisas assim. Antes de conhecer o reverendo Moon e os princípios divinos, eu queria entrar para a vida religiosa, mas agora não devo olhar para trás. Como ainda não sou muito profunda, peço-lhe que não

cante para me ajudar a fazer a vontade de Deus. Esse canto desperta em mim uma nostalgia e isso é ruim.

Respondo que, ao contrário, isso pode ser bom! Que, em todo caso, a vontade de Deus é que ela seja livre, liberta dessa espécie de ambiente que a mantém ligada a Moon. Mas compreendo, de repente, que em seu sistema estou fazendo o papel de Satanás e que vou fazer com que me exorcizem. De fato, ela conhece a causa do mal e da divisão: é preciso lutar contra a causa da divisão e da dúvida, é preciso acusar Satanás, assim como Jesus diante de Pedro: "Para trás, Satanás, pois tu me és um obstáculo, teus pensamentos são os dos homens e não os de Deus".

E depois ainda me dizem: "O reverendo Moon não veio para abolir, mas para realizar. Ele é o terceiro Adão". Invocar a tradição da igreja, a fé dos apóstolos, as Escrituras contra Moon é estar na mesma posição que os escribas e os fariseus do Evangelho que não compreendem. Um dos últimos capítulos dos *Princípios* de Moon é significativo nesse ponto:

> Os cristãos de hoje serão os primeiros a perseguir o messias no tempo do Segundo Advento, assim como fizeram os discípulos do judaísmo no Primeiro Advento. Jesus, que vinha para realizar as palavras do Antigo Testamento dado aos profetas e sobre esse fundamento estabelecer uma nova era, não reptiu simplesmente as palavras do Antigo Testamento, mas deveria necessariamente dar novas palavras para a nova era...
> Os cristãos de hoje, que são prisioneiros das palavras das Escrituras, certamente irão criticar as palavras e a conduta do Senhor do Segundo Advento, segundo os limites do que afirmam as palavras do Novo Testamento tomadas ao pé da letra. Assim, é muito claro que podemos esperar que os cristãos o persigam e o tratem como herege (*Os princípios*, p. 554).

Assim, durante três dias, fiz o papel do perfeito fariseu e do hipócrita, exatamente como se pode imaginar! O que fazer, o que dizer depois disso? Falo a eles de são Domingos e dos cátaros, de suas "disputas" que não terminavam, até o dia em que decidem juntos submeter sua doutrina à prova de fogo. O credo de são Domingos se revela incombustível... Eles estão prontos para tentar a experiência com o livro de Moon. Mas recuo, de início porque não sou são Domingos e porque me falta fé; em seguida, porque isso não converteu os cátaros: "Os hereges, vendo tantos prodígios, não quiseram então se converter à verdadeira fé. Permaneceram em sua malícia, proibiram rigorosamente uns aos outros que permitissem chegar a nós o milagre, contando-o".[6] Mas compreendo que se possa recorrer a esse tipo de experiência quando, chegando-se ao limite da paciência e dos argumentos, trata-se de mostrar àqueles que escutam a disputa onde está a verdade – porque o objetivo de cada fim de semana é recrutar novos adeptos à seita, pioneiros da Nova Era.

Após os três primeiros dias, os ouvintes são de fato convidados a permanecer sete dias a mais, em seguida serão 21 dias, depois cem dias nos Estados Unidos ou na Coréia. Sem dúvida no centésimo dia, com o cérebro bem limpo, você estará estabelecido para sempre nessa grande paz que dá a certeza! Eles dizem:

> Somos os únicos que podem satisfazer os desejos e as aspirações do homem, intelectuais, morais e religiosos, que podem responder tanto às necessidades físicas quanto às espirituais da humanidade. Os princípios divinos reúnem tudo que há de verdadeiro em todas as religiões e filosofias da humanidade. Os cientistas, assim como os homens de oração, encontrarão aí o que pode satisfazer seu apetite de Verdade. Os homens de ação e os contemplativos são aí associados em uma mesma obra: estabelecer o Reino de Deus sobre a Terra! Enfim uma doutrina na qual se reconciliam a fé e a razão! O céu e a terra! O homem e a mulher! Enfim um gênero de vida no qual se aliam a renúncia e a alegria vitoriosa! Enfim... Enfim!

A razões podemos opor outras razões, mas o que podemos opor a uma vida que alia de maneira tão forte o sacrifício à esperança?

"Nossos missionários serão perseguidos: eles devem pagar uma indenização a Satanás, para arrancar os homens de suas garras! Mas já somos nós vencedores!"

Diante de tais palavras, ainda uma vez, não posso me impedir de pensar em são Domingos e nas circunstâncias que provocaram a fundação da Ordem dos Pregadores:

> Nesse tempo, o servo de Deus, persuadido de que o coração dos culpados era mais acessível aos exemplos do que às palavras, ainda que muita gente fosse atraída ao erro pelas práticas pérfidas dos hereges, imaginou opor exemplo a exemplo e combater com virtudes verdadeiras as virtudes aparentes... Quem, então, mesmo entre as pessoas prudentes, não se deixaria enganar à primeira vista por tais pessoas? Quem não as estimaria como muito santas?[7]

São Domingos e seus irmãos souberam mostrar aos homens de seu tempo que seria possível viver uma vida tão pura quanto a dos cátaros sem romper ou estar em contradição com a fé dos apóstolos, mas também que a perfeição não é somente algo ligado à pureza, mas antes de mais nada e sobretudo é prática da misericórdia, e que a verdade não é essencialmente sinceridade e força, mas um "dado objetivo", dom de Deus, recebido e transmitido nas igrejas.

Ouço a reflexão de vários estudantes que conheço: "A partir do momento que eles são sinceros, a partir do momento que fazem o bem – é belo que eles creiam em Deus –, em que podemos reprová-los?" É verdade que não podemos reprová-los por acreditarem, mas podemos reprovar o Deus em que acreditam: Hitler também acreditava em um Deus, pretendia até mesmo estar em comunicação direta com ele, e a multidão que ouvia o tom de sua voz não podia duvidar disso.

Os meios são sinais do fim. Se acreditamos em um Deus amor, assim como nos manifestou Jesus Cristo, ele não pode nos convencer de seu amor por meio de nenhuma técnica de persuasão, nem por meio de nenhum condicionamento psicológico. A única coisa que Deus não pode fazer é nos forçar a amá-lo. Deus só pode ser amado através da liberdade; que espécie de amor poderia lhe dar uma marionete? Ele criou o homem para fazer dele seu amigo, capaz não somente de se submeter, mas também de relacionar-se com ele de maneira íntima.

O meio que Cristo escolheu para nos convencer do amor de Deus não foi nem a palavra nem os prodígios, mas o dom que nos fez de sua própria vida, a cruz. E é diante dessa cruz que se exerce a liberdade do homem. É aí que o homem pode responder sim ou não ao amor daquele que o amou primeiro. E é essa cruz que vocês recusam, porque têm medo de ser perdoados, têm medo de ser livres, ou seja, de se reconhecerem como pecadores e, no entanto, infinitamente amados. Vocês não são os únicos: todas as ideologias, todos os totalitarismos recusam o realismo dessa liberdade do homem, criatura capaz de obstruir ou de se unir ao desígnio de seu criador. Todas as ideologias recusam o realismo da cruz.

O amor se revelou mais forte que o pecado, que o mal, que a morte. O Cristo ressuscitou. Ele realmente ressuscitou! Aqueles que crêem nele não serão confundidos. "É belo tudo isso", respondem eles, "mas você fala e não faz." Ainda uma vez é a repreensão do Cristo aos fariseus, e cada um me diz de sua decepção diante deste ou daquele padre ou religioso: "Ele riu de minhas questões. Ele não me respondeu. Ele fazia belos sermões, mas era preciso ver como ele vivia. Você acredita realmente que ainda podemos viver o Evangelho na igreja? Os próprios padres não acreditam mais. E os escândalos dos papas?"

Eu respondo:

Alguns papas puderam levar uma vida dissoluta, mas isso não os impedia de dizer a verdade e a fé dos apóstolos. É lógico que o ideal seria que eles tivessem vivido sua fé: não adianta nada escutar as palavras do Cristo, se não for para colocá-las em prática. Mas a igreja dos santos e dos pecadores é a igreja daqueles que se salvam e daqueles que perecem; é a igreja dos homens que crêem e esperam na misericórdia de Deus, não é a igreja dos puros. Vocês podem reprovar na igreja tudo que quiserem: "é uma prostituta, mas é minha mãe", dizia Orígenes, foi ela que nos transmitiu as palavras da vida. E, depois, não julgamos um fruto a partir de sua casca; olhe o fruto, refresque-se com seu suco e jogue as cascas aos porcos... Os adolescentes não suportam entraves a seu ideal. Vocês são adolescentes, incapazes de suportar a contradição verdade-vida, e têm razão em certo sentido, pois essa contradição é um escândalo. Mas a idade adulta é a idade da misericórdia, a idade do evangelho, a idade na qual conhecemos os limites das coisas e das pessoas, mas também a idade em que deveríamos olhar nossos limites com o amor infinito com o qual Cristo olhava a mulher adúltera e o bandido perdido ao seu lado. A palavra *ideal* retorna o tempo todo à boca de vocês, vocês falam até mesmo do "ideal de Deus". Deus não é idealista, ou então é um falso deus. Ideal, ideologia têm a mesma raiz e pertencem à mesma ordem que ídolo, idolatria. Deus não tem ideal: ele ama, ele diz, ele faz. Deus não tem princípios ou, se os tiver, ele os transgride. É preciso escolher: a cruz ou os princípios. Ninguém pode servir a dois mestres, o Cristo e Moon.

Então, João Paulo, responsável da AUCM em Toulouse, lança mão desta frase significativa: "Mesmo que não seja verdade, a partir do momento que é a vontade de Deus, mesmo se o reverendo Moon não for o messias, a partir do momento em que acreditamos nisso, a partir do momento em damos nossa vida, a partir do momento em que sou sincero, Deus me guia por meio da prece".

Assim a disputa não se fará com base em dados objetivos. Não se trata mais de fé ou de teologia, mas de estados de consciência e de sinceridade de vida. Dito isso, é sempre fácil dizer: nada foi feito. A fome, a sede de justiça e de verdade permanecem, e em um deserto todas as miragens são água. É fácil dizer que o mundo de hoje é um deserto e que à sede de pureza, de amor e de absoluto responde todo tipo de seitas, bem como tantas miragens, mas o que será desses homens e dessas mulheres que se entregaram a um falso messias?

Se lhes dissermos que a água viva está na igreja e que ela não é uma miragem, eles nos dizem ainda: "Prove isso! Só podemos acreditar em homens que vivem o que acreditam". "Seja perfeito como vosso Pai Celeste é perfeito." "Converta-se." "Seja misericordioso como vosso Pai é misericordioso."

Para responder a eles, seria necessário converter-se... e viver, e manter firme o depósito da fé, pois sabemos em quem depositamos nossa confiança: "Sabemos que o Filho de Deus veio e nos deu inteligência para que conhecêssemos o verdadeiro. Nós estamos no verdadeiro, no seu Filho Jesus Cristo. Esse é o Deus verdadeiro e a vida eterna. Filhinhos, guardai-vos dos ídolos" (I Jo 5,20-21).

Paro por aqui.

Haveria ainda muitas conversas em volta da piscina, no bosque ou no gramado do castelo a serem relatadas aqui. O psicólogo e o educador encontrariam nelas material para meditar. Que tipo de educação receberam esses homens e essas mulheres para ser tão pouco formados em bom senso e em julgamento? Que sociedade prepara assim indivíduos que se deixam doutrinar por qualquer ideologia totalitária? Não devemos nos condenar nem nos lamentar, mas, sim, considerar nossa responsabilidade.

NOTAS

Capítulo I

1 Cf. as discussões do início do século XX entre tomistas e Blondel. O desejo "natural" de conhecer Deus seria o desejo que o efeito criado tem de conhecer sua causa incriada. Alguns parecem não se interessar por esse desejo.
2 Jean-Yves Leloup, *Carência e plenitude*. Petrópolis: Vozes, 2001, cap. II.
3 Cf. Jacques Derrida e Gianni Vattimo, *La religion*. Paris: Seuil, 1996, pp. 47-48. Edição brasileira: *A religião*. São Paulo: Estação Liberdade, 2000.
4 Hadith, fala atribuída ao profeta Maomé.
5 Tradução grega do Antigo Testamento.
6 A Samaritana – a mulher adúltera – Myriam de Magdala (Maria Madalena).
7 Cf. comentários de Jean-Yves Leloup no *Evangelho de João*. Petrópolis: Vozes, 2000.
8 Jean-François Mayer, *Sectes nouvelles* [Novas seitas]. Paris: Cerf, 1985, p. 90.
9 "The Role of Anecdoctical Atrocities in the Social Construction of Evil" [O papel das atrocidades anedóticas na construção social do mal], in David G. Bromley e James T. Richardson (orgs.), *The Brainwashing/Deprogramming Controversy* [A controvérsia lavagem cerebral/desprogramação]. Nova York, Toronto: Edwin Mellen Press, 1983.
10 Won Pil Kim, *Father's Course and our Life of Faith* [Curso do Pai e nossa Vida de Fé]. Londres: HSAUWC Publications, 1982, pp. 81-82.
11 Jean-François Mayer, op. cit., p. 93.
12 Cf. Berdiaev, *Le sens de la création* [O sentido da criação]. Paris: DDB, 1955.

Capítulo II

1 Cf. a Introdução ao Alcorão na edição de Jean Grosjean. Paris: Gallimard, 1967, Bibliothèque de la Pléiade.

2 Anne Ancelin-Schutzenberger, *Meus antepassados*. São Paulo: Paulus, 1997.
3 G. Gobron, *Histoire et philosophie du caodaïsme* [História e filosofia do caodaísmo]. Paris: Dervy Livres, 1949, p. 17.
4 *Um curso em milagres*, 3 vols. São Paulo: Abalone, 1994.
5 Jean Vernette, *Le Nouvel Age* [A Nova Era]. Paris: Téqui, 1990, p. 109.
6 Idem, op. cit., pp. 103-5.
7 Cf. entrevista em *Sources*, nº 23, 1989, pp. 8 e segs.
8 Philippe Faure, *Les anges* [Os anjos]. Paris: Cerf, 1988, p. 9.
9 Jung, *Les racines de la conscience* [As raízes da consciência]. Paris: Buchet-Chastel, 1970, p. 554.
10 Elie Humbert, *Jung*. Paris: Editions Universitaires, 1983, p. 126. Edição brasileira: *Jung*. São Paulo: Summus, 1985.
11 *Noms divins* [Nomes divinos], II, 4, PG, 3, 641.
12 João Damasceno, *De la foi orthodoxe I* [Sobre a fé ortodoxa I], 4.

Capítulo III

1 Marie Balmary, *La divine origine* [A origem divina]. Paris: Grasset, 1993, pp. 306 e segs.
2 Cf. João 10,18: "Minha vida ninguém a tira de mim, mas eu a dou livremente".
3 O que algumas vezes é traduzido por "O que é o logos?".

Apêndice

1 A Associação para a Unificação do Cristianismo Mundial é também designada pelos títulos Pioneiros da Nova Era e Igreja da Reunificação.
2 De fato, a sessão percorre o conjunto do moonismo, com exceção de algumas questões relativas à divindade do reverendo Moon, à Terceira Guerra Mundial, à Guerra da Coréia, à luta contra o comunismo etc.: essas questões são pouco evocadas e necessitam, para ser aprofundadas, de uma sessão mais longa, quando o candidato terá toda possibilidade para compreendê-las. São exatamente essas questões que governam o pensamento de Moon.
3 Citamos *Os princípios divinos* sob a menção *Os princípios*. Essa obra se apresenta sob a forma de um in-oitavo, encadernado em preto, de 574 páginas. A Introdução esclarece que não se trata de um livro de Moon, mas de uma apresentação de seus ensinamentos por seus discípulos. Portanto, corremos o risco de nos embaraçar em seus debates sem fim para saber em que medida uma de suas numerosas predições que não se realizaram seria uma interpre-

tação de um discípulo de Moon, que poderia ter querido dizer algo completamente diferente. Aliás, o leitor é avisado de que, como o tradutor fez questão de conservar a riqueza e o sabor do texto coreano, algumas passagens ou expressões serão incompreensíveis em uma primeira leitura. Sendo a obra particularmente longa e árdua, devido a um repertório conceitual com freqüência inesperado e exegeses algumas vezes alucinantes, articuladas por uma lógica que tem suas próprias leis, o leitor ganhará tempo se começar pelos capítulos finais ("O final dos tempos", "A vinda do messias coreano", "A guerra da Coréia contra o Japão", "A guerra do mundo democrata contra o comunismo no seio de uma Terceira Guerra Mundial" etc.) para ir retornando aos capítulos iniciais, consagrados à criação e à queda. A AUCM difunde fotocópias especializadas em diferentes matérias (para a filosofia, é *A unificação do pensamento*). A AUCM difunde também, em voz alta pelas ruas, uma brochura intitulada *A nova primavera*, que não demonstra de maneira alguma a originalidade do pensamento de Moon, querendo dar a impressão de que ele é, no final das contas, um cristão aberto.

4 A religião de Moon não serve nenhum tema propriamente religioso, mas faz uso de todas as religiões (taoísmo, budismo, judaísmo, cristianismo). A finalidade de tudo isso não é (nem mesmo parcialmente) religiosa. Não seria política? E isso, independentemente da boa-fé evidente de muitos jovens membros.

5 Eis as predições bastante detalhadas de Moon sobre a Terceira Guerra Mundial: "A Primeira e a Segunda Guerras Mundiais foram guerras para dividir o mundo em dois, o mundo da democracia e o mundo do comunismo; a guerra para a unificação desses dois mundos separados deve vir em seguida. Esta constitui a verdadeira Terceira Guerra Mundial. A Terceira Guerra Mundial se produzirá, portanto, inevitavelmente. Entretanto, pode acontecer de duas maneiras diferentes. A primeira maneira consiste em subjugar e unificar o lado satânico por meio de armas. Entretanto, o mundo ideal que deve vir após a unificação, sendo aquele no qual toda a humanidade deve se jubilar, não será jamais realizado subjugando o inimigo somente exteriormente, pelo uso de armas. O inimigo deve em seguida ser subjugado interiormente e vir a se jubilar com isso verdadeiramente, do fundo de seu coração. Para se chegar a isso, é preciso uma ideologia absolutamente perfeita que seja capaz de satisfazer o desejo da natureza original do homem. A segunda maneira de conduzir essa guerra é subjugar e unificar o mundo satânico diretamente em um combate interior no nível da ideologia, sem nenhum combate por meio de armas. Não se deve esperar que a ideologia que pode conduzir o conjunto da humanidade em direção a um único mundo ideal venha do mundo comunista... Entretanto, é um fato historicamente provado que não houve uma única ideologia, entre as numerosas que existem no mundo democrático, capaz de subjugar a ideologia comunista. Essa ideologia deve emergir agora do mundo democrático. Para que ela possa aparecer, uma nova verdade deve se apresentar. Quando essa nova verdade estabelecer uma base vitoriosa no mundo de-

mocrático e subjugar a ideologia comunista, o mundo unido sob essa única verdade será enfim realizado" (*Os princípios*, pp. 511-12). Lemos algumas páginas mais adiante que essa nova verdade surgirá no tempo do Segundo Advento, da Coréia: "Assim a nação do Oriente onde o Cristo retornará só pode ser a Coréia" (p. 541). "Nos últimos dias, o cristianismo é a religião final que poderá realizar o objetivo de inumeráveis outras religiões que apareceram até o presente. Conseqüentemente o Cristo, que deve retornar como o centro do cristianismo, deve realizar inteiramente o objetivo de todas as religiões" (p. 549). Entende-se que esse cristianismo final é a nova verdade.

6 Humbert de Romans, "Legenda sancti Dominici", texto traduzido por M.-H. Vicaire em *Saint Dominique et ses frères* [São Domingo e seus irmãos]. Paris: Cerf, 1982.

7 Pierre Ferrand, "Legenda sancti Dominici", in op. cit.

BIBLIOGRAFIA*

Obras gerais

BOUDERLIQUE, Max. *Sectes: les manipulations mentales.* Lyon: Chronique Sociale, 1990.
EL MOUNTACIR, Hayat. *Les enfants des sectes.* Paris: Fayard, 1994.
FALIGOT, Roger e KAUFFET, Rémi. *Le marché du diable.* Paris: Fayard, 1995.
FILLAIRE, Bernard. *Le grand décervelage.* Paris: Plon, 1993.
HUMMEL, Reinhart. *Les gourous.* Paris: Cerf, 1988.
IKOR, Roger. *La tête du poisson: les sectes, un mal de civilisation.* Paris: Albin Michel, 1983.
LALLEMAND, Alain. *Les sectes en Belgique et au Luxembourg.* Bruxelas: EPO, 1994.
VERNETTE, Jean. *Les sectes et l'Eglise catholique, le document romain.* Paris: Cerf, 1986.
WOODROW, Alain. *Les nouvelles sectes.* Paris: Seuil, 1977.

Monografias

ARNAUD, Marie-Blanche. *Amour, degré zéro* (AAO). Paris: Laffont, 1980.
BASTIAN, Bernard. *Le new-age, d'où vient-il, que dit-il?* Paris: OEIL, 1991.

---

* Bibliografia proposta pelo Centro Roger Ikor em *Les sectes. Etat d'urgence* [Seitas. Situação de emergência]. Paris: Albin Michel, 1996. Essa obra, mesmo não propondo uma reflexão aprofundada sobre nosso tema, pode ser considerada complementar a esta, devido às observações de seus autores e ao inventário de um certo número de seitas atualmente em vigor na França. (Nota do Autor)

BLANCHET, J.-F. e HESSE, Nicolas. *Si des témoins de Jéhovah viennent vous voir.* Paris: Tégui, 1991.

BLANDRE, Bernard. *Les témoins de Jéhovah, un siècle d'histoire.* Paris: Desclée de Brouwer, 1987.

BOYER, Jean-François. *L'empire Moon.* Paris: La Découverte, 1986.

BRACONNIER, Olivier. *Radiographie d'une secte au-dessus de tout soupçon* (Saint-Erme). Paris: Cerf, 1987.

DARCONDA, Julia. *Voyage au centre de la secte* (Scientologie). Paris: Trident, 1987.

DE SMEDT, Marc. *La porte oubliée, du bon sens dans la quête du sens.* Paris: Albin Michel, 1993.

DELIÈGE, J.-F. e BREWAEYS, P. *Ecoovie, le mic-mac des services secrets.* Bruxelas: EPO, 1990.

FAUBERT, Serge. *Une secte au coeur de la république* (Scientologie). Paris: Calmann-Lévy, 1993.

GILETTE, Alain. *Les Mormons théocrates du désert.* Paris: Desclée de Brouwer, 1985.

GUINDON, Ken. *Les temoins de Jéhovah – L'envers du décor.* Paris: Téqui, 1990.

HERVÉ, Jeanine e C., Marie-Christine. *Confessions d'une enfant de Dieu.* Paris: La Duraubée, 1988.

IKOR, Roger. *Je porte plainte* (Zen Macrobiotique). Paris: Albin Michel, 1981.

MILLER, Russel. *Ron Hubbard, le gourou démasqué* (Scientologie). Paris: Plon, 1993.

RANC, Paul. *Une secte dangereuse: la Scientologie.* Suíça: Contrastes.

VERNETTE, Jean. *Occultisme, magie, envoûtement.* Mulhouse: Salvator, 1986.

――――――. *Le Nouvel Age.* Paris: Téqui, 1990.

SUGESTÕES DE LEITURA

A SABEDORIA DO SALGUEIRO (*Jean-Yves Leloup*)
Com pequenos e sábios poemas, o autor leva o leitor a encarar as provações diárias como uma árvore enfrenta os desafios da natureza: fincado em suas raízes, ereto mas não rígido, firme porém brando, enfrentando o medo com coragem, as incertezas com sabedoria, sempre crescendo a cada aprendizagem e desenvolvendo sua estabilidade.

O ROMANCE DE MARIA MADALENA (*Jean-Yves Leloup*)
Quem foi a Maria Madalena dos evangelhos? Uma beleza provocante e inocente? Uma mulher paradoxal, iniciada no mistério do amor e prostituída? Uma apaixonada? Uma mística? Nenhuma dessas possibilidades e todas ao mesmo tempo, porque Maria Madalena é o arquétipo feminino em todas as suas dimensões, das mais carnais às mais espirituais: é a mulher eterna. Filósofo e teólogo, Jean-Yves Leloup mescla história e ficção, teologia e poesia, para abarcar as infinitas facetas de Maria em uma obra magnífica e exuberante.

O ABSURDO E A GRAÇA (*Jean-Yves Leloup*)
Surpreendente autobiografia de um homem que, marcado por uma vida em que se manifestam inúmeras situações de "absurdo", vai em busca da graça, encontra-a e passa a viver dela. Filósofo, padre ortodoxo e conferencista de renome internacional, Jean-Yves Leloup mostra sem rodeios suas experiências humanas e espirituais, suas quedas e reabilitações. Muito mais que o relato de uma trajetória, trata-se de uma confissão surpreendente, da vida de um homem de fé inquestionável, de alguém que possui um respeito profundo pelo ser humano e pela liberdade.

AMAR... APESAR DE TUDO (*Jean-Yves Leloup*)
Jean-Yves Leloup nos convida a dar um passo consciente em direção a uma vida plenamente assumida. Fala-nos daquilo que está dentro de nosso ser, no mais profundo de nós – o amor –, e vai lançando luzes para permitir que cada aspecto aflore, que tomemos consciência e que nos rendamos à proposta de mudança que a vida nos faz. Considerando nossa vida tal qual ela se apresenta, o autor nos induz a buscar nosso caminho, nossa resposta pessoal que sempre encontra pleno sentido no amor.

A ARTE DA ATENÇÃO (*Jean-Yves Leloup*)
Jean-Yves Leloup nos propõe um remédio para enfrentar o estresse dos nossos dias: a atenção. É ela que nos faz sair do inferno que é a ausência do amor, o esquecimento de nós mesmos, o esquecimento do Ser. É a atenção que nos levará a viver o instante em sua plenitude, ou seja, a estarmos presentes no momento presente, redescobrindo o sentido da escuta e da comunicação com o Real.

Normose, a patologia da normalidade
(Pierre Weil, Jean-Yves Leloup e Roberto Crema)
Tudo indica – conforme os autores – que o conceito de normose, com o seu aprofundamento e desenvolvimento, provoca um importante questionamento a respeito do que se considera *normalidade*. A tomada de consciência sobre essa realidade poderá facilitar uma profunda mudança na visão e na consideração de certas opiniões, hábitos e atitudes comportamentais considerados *normais* e *naturais* pelas mentes mais desatentas e adormecidas.

Os mutantes *(Pierre Weil)*
Este livro é uma preciosidade. Raras são as vezes que temos acesso a uma visão tão clara, tão direta, tão lúcida do ser humano hoje. Só alguém que experimentou em si mesmo a angústia de ser fracionado e o chamado a viver as mais diversas experiências, passando por todas as etapas de mutação rumo ao despertar para o Ser... Só alguém que aceitou sofrer a dor e a alegria da mudança e que pôde, então, superar-se... Este sim é capaz de olhar os seres humanos, enxergá-los realmente e detetar o estágio em que se encontram. Estagnantes? Mutantes? Pierre Weil tem muito a nos dizer. É um mestre. É um ser desperto.

A coragem de ser você mesmo *(Jacques Salomé)*
Autor *best-seller* na Europa, Jacques Salomé estabelece, neste livro, uma ponte entre a psicologia e a espiritualidade, propondo uma jornada através da qual iremos explorar as diversas áreas de nossa personalidade, detectando nelas os aspectos sombrios e ambíguos, além das armadilhas que impedem um relacionamento saudável e verdadeiro consigo mesmo e com o outro.

Religiões do mundo *(Hans Küng)*
Com o objetivo de oferecer informações precisas e levantar pontos essenciais para uma reflexão atual e madura, Hans Küng esboça o mundo das grandes religiões, destaca as conexões existentes entre elas, aponta o que têm em comum, o que as separa e evidencia como o potencial de paz subjacente a elas poder-se-ia tornar um etos mundial.

Freud e a questão da religião *(Hans Küng)*
Neste livro, Hans Küng, influente teólogo alemão, analisa o ateísmo do pai da psicanálise e procura explicações para ele, passando pela infância de Freud e seu convívio com a família e com os ritos judaicos, até seus estudos de fisiologia e sua teoria psicanalítica. Além de Freud, Küng também analisa a questão da religião em outros autores que viriam a discordar das idéias freudianas.

Por que ainda ser cristão hoje? *(Hans Küng)*
Hans Küng nos lança o desafio de, numa época carente de orientação, encontrarmos na fé claros impulsos para a práxis individual e social. Trata-se de uma meditação sobre os sólidos fundamentos e sobre os impulsos do cristianismo para o futuro. Com este livro Hans Küng aponta os contornos de uma fé capaz de enfrentar os desafios do tempo.